This Book Belongs To:

....

For each exercise:

1. Read all the words in Task 1.

   - Check the meaning of unfamiliar words in a dictionary.
   - Learn how to spell each word correctly.

2. Choose the most appropriate word to complete each sentence in Task 2.

3. Try to find all the ten words from Task 1 in the word search.

Happy Learning!

EXERCISE 1

1. **Using a dictionary, learn the meaning of these words:**

shepherds   greetings   century   thoughtful   manufactured

popular   persuade   lanterns   family   production

2. **Choose the most appropriate word from Task 1 to complete the following sentences:**

a) "Sam was very _____ this morning", said Mr Smith.

b) Seo-Jun sent his _____ to his friends in South Korea.

c) We will be watching a new _____ of Mickey Mouse at the cinema.

d) Fish and chips is a _____ dish in the United Kingdom.

e) The _____ worked very long hours.

f) In the eighteenth _____, there were no mobile telephones!

g) The miners had to use _____ to find their way around.

h) Thanks to major advances in technology, Ranjan, who lives in London, was able to communicate to his _____ in Kotte regularly.

i) Using a biscuit, Justin tried to _____ his dog, Boris, to stop barking.

j) In order to reduce carbon emissions, Jan reported that cement will no longer be _____ in Poland.

3. Find the ten words from Task 1 in the word search:

R	Q	Q	E	I	B	I	Z	N
Z	L	A	N	T	E	R	N	S
S	H	E	P	H	E	R	D	S
J	B	D	X	P	S	V	U	F
E	N	D	E	Q	M	F	K	V
K	V	Q	Y	F	A	Q	D	K
L	A	O	Z	S	N	K	B	A
R	C	E	N	T	U	R	Y	Q
G	P	D	U	I	F	Q	A	E
R	R	F	U	J	A	R	F	T
E	O	A	T	D	C	Y	G	H
E	D	M	Z	R	T	E	U	O
T	U	I	C	Q	U	A	F	U
I	C	L	S	L	R	Z	K	G
N	T	Y	O	Z	E	W	Y	H
G	I	X	N	Y	D	K	R	T
S	O	M	G	J	I	G	H	F
X	N	D	Y	U	J	S	E	U
D	D	D	V	I	T	O	I	L
E	X	P	O	P	U	L	A	R
C	M	W	J	T	Z	G	Z	I
P	E	R	S	U	A	D	E	K
R	A	S	Y	R	K	N	S	W
M	N	G	R	R	P	P	B	Z
S	T	E	U	Q	Y	L	X	R

5

EXERCISE 2

1. Using a dictionary, learn the meaning of these words:

collection	spring	thrown	thoroughly	boats
returned	permission	agree	candles	quickly

2. Choose the most appropriate word from Task 1 to complete the following sentences:

a) Mrs. Abeni, the headmistress, did not give the school children _____ to use scooters in school grounds.

b) During a power outage in Toronto, Sophia had to use _____ in her room to finish her homework.

c) Delroy has a huge _____ of Bob Marley's records.

d) There were several _____ on River Thames.

e) Winston's garden always looks magnificent in the _____.

f) Raheem _____ passed the ball to Declan who scored a superb goal.

g) Anand said that he _____ enjoyed the meals and all the light displays during the Diwali festival.

h) Gordon received a text message from his school to remind him that all library books will need to be _____ before the Christmas holidays.

i) During the Covid-19 pandemic, scientists and politicians could not _____ as to whether or not the wearing of face coverings should be made compulsory.

j) Frank was frantically searching the recycling bin as he had inadvertently _____ his winning lottery ticket in the bin.

3. Find the ten words from Task 1 in the word search:

C	L	P	Y	P	L	Q	N	B
O	U	T	C	J	O	P	X	N
L	A	H	S	P	R	I	N	G
L	R	R	I	R	O	J	U	L
E	B	O	A	T	S	M	X	J
C	G	W	L	X	Y	I	Z	F
T	M	N	P	U	W	P	U	Z
I	I	H	E	L	C	C	J	B
O	H	N	R	V	R	V	R	B
N	Z	Q	M	P	E	W	U	M
O	C	Q	I	E	T	V	W	W
F	P	N	S	R	U	P	L	I
M	J	K	S	C	R	F	Y	T
C	B	Y	I	T	N	F	U	H
A	A	B	O	N	E	T	B	O
X	N	W	N	N	D	V	V	R
W	W	P	H	I	P	X	C	O
A	G	R	E	E	R	O	F	U
T	J	C	Q	I	B	M	K	G
Z	N	W	Z	U	J	O	H	H
V	C	A	N	D	L	E	S	L
H	W	F	N	P	I	V	Y	Y
Q	U	I	C	K	L	Y	M	D
P	A	H	X	F	G	N	K	O
N	V	K	R	V	B	C	A	M

EXERCISE 3

1. Using a dictionary, learn the meaning of these words:

terrific	bungalow	musical	massive	multiple
serious	partridge	temporary	poetic	awful

2. Choose the most appropriate word from Task 1 to complete the following sentences:

a) Louis drove his car at a _____ speed on the highway.

b) My grandmother, Babushka, lives in beautiful _____ in a tiny village near the sea.

c) This museum will be organising a special exhibition displaying various _____ instruments from around the world.

d) Fujiti could not see the mountain from his flat as his view was obstructed by _____ buildings.

e) Anand discovered that his local supermarket was making an excellent offer of a free watch if he purchased _____ electrical items in one go.

f) The scientists are warning that if we do not take steps to curb carbon emissions, this will result in _____ consequences for planet earth.

g) Donald is considering whether he should cook a _____ for Christmas lunch instead of turkey.

h) Access to the main road near the school will be closed for a fortnight as a _____ safety measure.

i) I enjoyed reading Alastair's new book, as it was very _____.

j) Alice said that she had an excellent holiday in Mumbai although the weather was _____ at times.

3. Find the ten words from Task 1 in the word search:

T	R	M	A	P	D	B	A	M
E	L	F	Z	K	E	U	O	U
M	P	P	O	J	P	C	J	S
P	B	J	M	U	A	W	M	I
O	G	Z	U	S	R	Q	J	C
R	L	S	L	S	T	O	Z	A
A	M	B	T	Y	R	Z	B	L
R	Q	X	I	H	I	U	A	E
Y	K	O	P	F	D	U	W	V
L	Z	D	L	J	G	J	F	B
M	J	N	E	I	E	P	U	I
F	D	J	G	R	R	X	L	W
Z	Z	Y	X	D	O	J	B	Y
S	B	U	N	G	A	L	O	W
K	T	C	Q	F	F	P	L	B
S	N	Z	M	W	N	F	P	V
E	K	U	Z	X	K	E	R	I
R	W	S	E	N	X	M	K	S
I	D	P	O	E	T	I	C	N
O	T	N	H	Z	W	A	V	F
U	C	M	A	S	S	I	V	E
S	E	N	L	Q	K	A	J	L
A	J	F	S	M	Q	Q	C	X
O	B	P	S	W	E	J	V	T
T	E	R	R	I	F	I	C	V

EXERCISE 4

1. **Using a dictionary, learn the meaning of these words:**

favourite	elephants	dangerous	disappeared	guitar
beyond	anniversary	abbreviate	manager	energy

2. **Choose the most appropriate word from Task 1 to complete the following sentences:**

a) Ringo was equally proficient in playing both the _____ and the ravanahatha.

b) Paul was not happy with the response he received from the shop assistant and demanded to speak to the _____.

c) The headteacher announced that next year there will be a special event at the school to mark the hundredth _____ of the opening of the school.

d) Some scientists reckon that if no urgent action is taken, _____ will be extinct in a few years' time.

e) Since Mo has been eating baked beans, his _____ levels have increased tremendously.

f) Vladimir told his pupils not to _____ words when they write their essays as it can be confusing.

g) Ajay asked Grandma Flo, "What was your _____ subject at school?".

h) Shiijan-21 satellite was no longer visible as it suddenly _____ behind a cloud.

i) Jack explained to the tourists that the train station was a few miles _____ the small village.

j) Dr. Woo told his patients that it was not _____ to have both the Covid and flu vaccines simultaneously.

3. Find the ten words from Task 1 in the word search:

V	G	G	U	L	D	P	T	G
O	D	O	X	D	Z	D	R	J
F	A	V	O	U	R	I	T	E
M	N	R	O	Q	W	S	O	B
N	G	R	A	N	A	A	X	J
V	E	Z	N	Z	B	P	S	I
L	R	F	N	V	B	P	G	S
X	O	T	I	R	R	E	P	P
B	U	M	V	G	E	A	E	O
E	S	H	E	G	V	R	S	M
Y	V	O	R	H	I	E	U	K
O	L	U	S	Z	A	D	T	R
N	F	E	A	Z	T	O	I	G
D	K	Q	R	V	E	P	L	U
H	J	M	Y	W	G	D	K	I
O	V	E	M	M	V	Q	I	T
F	M	A	N	A	G	E	R	A
R	P	C	I	F	W	U	H	R
V	N	R	E	N	E	R	G	Y
E	T	U	K	H	X	F	V	F
D	K	W	U	X	E	S	Y	S
E	L	E	P	H	A	N	T	S
Q	J	O	D	A	Y	M	E	D
T	F	K	I	M	B	X	H	C
X	L	Q	C	K	A	J	H	M

EXERCISE 5

1. Using a dictionary, learn the meaning of these words:

machine   because   labels   function   typical

children   understand   hamburger   beautiful   secondary

2. Choose the most appropriate word from Task 1 to complete the following sentences:

a) Paul, the postman, was not able to deliver this parcel as the handwritten _____ on both sides were not legible.

b) You can have delicious vegetarian _____ at the Mumbai restaurant.

c) Ed disagreed with Zac who believed that everything else was of _____ importance, except for the economy.

d) I did not _____ the question, I therefore asked the teacher to explain it.

e) There were several _____ paintings in the art gallery that recently opened its doors to the public.

f) Bob, the builder, has to use a more powerful _____ to lift the bricks onto the top of the building.

g) Admission to the zoo is free for _____ who live in this village.

h) Shortness of breath, coughing and a high temperature are _____ symptoms of Covid-19.

i) There were long queues in the supermarket today _____ people were worried that there would be a food shortage.

j) Mr. Bernie was wondering what was the _____ of this sign that kept appearing on his laptop.

3. Find the ten words from Task 1 in the word search:

U	F	K	R	Y	T	U	W	M
R	D	O	S	O	C	F	G	C
Z	W	M	A	C	H	I	N	E
V	B	E	C	A	U	S	E	D
T	V	P	V	H	H	Z	S	V
Y	E	R	I	U	F	P	O	N
P	L	W	Y	N	D	M	V	X
I	L	B	U	D	A	H	L	O
C	D	E	G	E	H	A	X	S
A	U	A	S	R	B	M	U	R
L	W	U	E	S	C	B	T	Q
Q	L	T	R	T	G	U	W	E
G	F	I	T	A	G	R	H	I
R	J	F	Z	N	B	G	Q	O
U	I	U	D	D	U	E	V	Q
S	F	L	P	I	I	R	R	R
S	E	C	O	N	D	A	R	Y
Z	N	T	I	Q	F	X	F	L
W	Y	C	H	Z	M	A	R	A
R	O	S	T	I	K	P	J	B
E	G	H	Q	Z	U	G	O	E
C	H	I	L	D	R	E	N	L
A	K	E	O	O	O	Y	U	S
S	U	Y	G	W	U	D	Y	B
R	F	U	N	C	T	I	O	N

EXERCISE 6

1. Using a dictionary, learn the meaning of these words:

cautious	stomach	honey	friend	spellings

companion	reward	worth	custard	giant

2. Choose the most appropriate word from Task 1 to complete the following sentences:

a) Marcus added sixty grammes of _____ in the dough to give the bread a sweet flavour.

b) Dr. Jolly was _____ and did not prescribe any more medication until he had carried out further investigation.

c) This painting by Pablo is _____ more than all the houses on this road.

d) Joan has placed an online order to Ahmed's takeaway restaurant for two dozen _____ cupcakes.

e) In order to improve my vocabulary and _____, I read a book every week.

f) Gupta was recommended to join the Century Cricket club by his _____ Jacob.

g) Hercules, the small Persian cat, has not been seen for the last three days; his owner has put a notice in the local newsagents offering a handsome _____ for anyone who knows anything about Hercules's whereabouts.

h) This company started as a small business in the valley about a decade ago, but it is now a major _____ in the field of information technology.

i) Bukayo scored a magnificent goal but unfortunately it was disallowed as his right foot had come into contact with the goalkeeper's _____.

j) Sheila was looking for one more _____ who was skilled in mountain climbing to join his team for an expedition to climb Mount Everest.

3. Find the ten words from Task 1 in the word search:

K	Y	T	K	W	F	G	J	F
I	C	A	U	T	I	O	U	S
H	U	S	D	T	N	K	I	Q
F	V	H	R	I	U	N	S	R
D	M	H	T	B	L	U	P	E
S	T	O	M	A	C	H	H	W
M	I	N	R	L	U	M	M	A
Y	T	E	M	C	S	L	W	R
R	N	Y	G	W	T	Z	O	D
P	P	J	Y	P	A	A	R	R
Z	O	Y	Q	O	R	R	T	I
S	E	V	Z	U	D	M	H	O
L	G	F	J	J	B	E	I	S
W	S	G	I	A	N	T	F	S
W	K	P	P	L	H	N	D	M
D	W	J	H	T	J	Y	Q	Q
S	P	E	L	L	I	N	G	S
O	R	M	R	X	A	M	J	K
M	O	H	K	A	Z	H	P	G
C	O	M	P	A	N	I	O	N
B	E	C	Y	J	F	B	Z	F
G	E	F	L	Z	U	L	R	R
F	R	I	E	N	D	W	R	N
S	A	B	Q	U	I	J	H	B
L	R	O	P	O	I	Z	R	G

EXERCISE 7

1. **Using a dictionary, learn the meaning of these words:**

giraffe	delivery	explanation	argument	movement
paragraph	behaviour	growling	several	supervise

2. **Choose the most appropriate word from Task 1 to complete the following sentences:**

a) Monty was fascinated by the _____ of a swarm of starlings hovering over his beautiful garden.

b) Ronaldo scored a fantastic goal, but the players of other team disputed the goal. To settle the _____, the referee made use of Video Assisted Referee.

c) It is becoming increasingly more difficult for managers to _____ their staff who are working remotely.

d) Sung is now writing a book on the _____ of lynx at night-time.

e) When Allegra was visiting the zoo, she was able to spot a _____ from a distance.

f) To obtain good marks for story writing, each _____ should start with a topic sentence, followed by supporting and concluding sentences.

g) Victor did not know which apples to purchase as there were _____ varieties available in this market.

h) We did not buy our Christmas gifts online as the _____ charges were more expensive than the gifts.

i) Suddenly there was a loud _____ noise in the middle of the night which prevented Suresh from sleeping.

j) Scientists are still trying to find an _____ of how the universe was formed.

3. Find the ten words from Task 1 in the word search:

E	Q	E	G	U	P	C	L	N
X	H	S	H	V	A	W	N	Z
P	E	E	Q	G	R	K	I	L
L	L	V	F	F	A	I	Y	I
A	D	E	R	M	G	C	G	L
N	P	R	V	V	R	E	I	D
A	B	A	C	U	A	D	R	A
T	N	L	D	K	P	X	A	T
I	E	H	I	Z	H	Z	F	S
O	P	G	V	W	G	I	F	G
N	Y	R	N	T	V	C	E	A
K	D	E	L	I	V	E	R	Y
J	J	H	P	D	B	W	Q	P
A	R	G	U	M	E	N	T	W
K	Z	B	C	M	I	F	Y	P
F	I	A	W	A	U	M	X	F
Y	M	O	V	E	M	E	N	T
R	W	S	G	Q	U	C	N	Q
B	E	H	A	V	I	O	U	R
E	Y	P	U	F	A	U	F	K
Z	G	R	O	W	L	I	N	G
G	T	M	U	D	Q	N	L	H
N	P	F	G	S	I	V	D	B
S	U	P	E	R	V	I	S	E
B	Y	I	Y	O	N	K	C	J

17

EXERCISE 8

1. Using a dictionary, learn the meaning of these words:

captain	environment	length	jewels	lumberjack

quotation	publishing	excitement	subordinate	submarine

2. Choose the most appropriate word from Task 1 to complete the following sentences:

a) There have been several stories written about Paul Bunyan, a _____, who probably lived most of his adult life in Canada.

b) Opal and Frank thought that the _____ they found in their cereal packets were worth a lot of money.

c) "Did the beetles really live in a yellow _____?" asked Mrs. Robinson.

d) _____ Tom walked several times in his garden to raise money for charities.

e) Omar, the teacher, explained that equal marks will be allocated to both the _____ and content of this essay.

f) We will have a cleaner _____ if school children walk or cycle to school rather than travel to school by car.

g) The _____ at the beginning of each chapter of the book from a well-known author was more interesting than the book itself.

h) There was a huge roar of _____ in the stadium when Emma won the tennis tournament.

i) Many famous writers are now _____ their books on the internet.

j) The class was asked to write three sentences this morning and each one had to contain a main clause and a _____ clause.

3. Find the ten words from Task 1 in the word search:

S	I	G	W	D	N	Z	C	F
C	L	I	P	C	Z	A	A	W
V	U	H	U	E	P	S	P	G
K	M	E	B	C	V	U	T	E
W	B	C	L	C	H	B	A	N
R	E	T	I	Y	V	O	I	Y
Q	R	X	S	A	E	R	N	J
H	J	Q	H	K	T	D	O	S
W	A	U	I	E	J	I	V	U
F	C	O	N	X	R	N	K	B
Z	K	T	G	C	R	A	Z	M
F	W	A	Z	I	B	T	D	A
E	P	T	K	T	A	E	C	R
N	U	I	B	E	M	F	U	I
V	E	O	I	M	A	C	O	N
I	B	N	N	E	P	G	S	E
R	P	M	N	N	D	I	T	J
O	G	V	P	T	I	B	N	U
N	G	Y	J	E	G	R	L	T
M	Q	M	E	U	U	V	E	N
E	W	U	P	Y	I	W	D	B
N	C	H	J	Y	W	Q	L	R
T	M	D	J	E	W	E	L	S
H	L	E	N	G	T	H	U	C
E	L	E	B	A	W	Y	U	D

EXERCISE 9

1. Using a dictionary, learn the meaning of these words:

musician	gracious	politician	official	delicious
especially	gymnast	princess	initials	confidential

2. Choose the most appropriate word from Task 1 to complete the following sentences:

a) Mr. Jermaine contacted his bank by telephone, and the manager asked him to confirm his _____ and date of birth before he could proceed with his query.

b) We ate roasted chickpeas with ice cream at Heston's Cafe; it was _____!

c) The duke will attend the _____ opening of the world's biggest stadium.

d) Simone, a talented young _____, imitated some tricks from the squirrel and won gold medals at the Olympics.

e) Roger lost the tournament but was very _____ to his opponent after the match.

f) Amanda, the chairperson, introduced the meeting stating that all the items discussed in this meeting were private and _____.

g) Ravi, the _____, played the sitar beautifully and Elton enjoyed listening to his music when driving.

h) When asked what steps he would take to minimise carbon emissions, the _____ gave a rather vague answer.

i) "You need to wear a helmet, _____ when you are cycling!" exclaimed Tom.

j) The rich landowner married a well-known _____ last year.

3. Find the ten words from Task 1 in the word search:

G	R	A	C	I	O	U	S	M
C	P	O	X	R	F	G	U	U
O	O	T	E	P	F	I	F	S
N	L	Q	S	H	I	H	V	I
F	I	H	P	Z	C	Z	W	C
I	T	L	E	A	I	K	K	I
D	I	U	C	Y	A	Y	T	A
E	C	F	I	U	L	Q	G	N
N	I	I	A	O	H	S	S	H
T	A	B	L	G	X	N	V	Y
I	N	A	L	O	D	L	M	D
A	H	K	Y	S	K	U	P	I
L	I	N	I	T	I	A	L	S
J	J	S	D	K	G	R	J	O
U	C	C	H	W	M	K	B	P
D	E	L	I	C	I	O	U	S
G	I	P	O	W	J	Q	B	I
R	Q	R	U	S	I	G	U	D
G	L	I	S	D	W	Y	U	G
F	J	N	G	X	P	M	N	Q
O	F	C	V	B	W	N	O	R
Q	H	E	L	T	V	A	J	E
G	B	S	J	A	A	S	I	M
E	G	S	H	Q	B	T	P	Q
N	N	N	Z	K	W	B	D	G

EXERCISE 10

1. Using a dictionary, learn the meaning of these words:

ambitious   experience   incredible   hopefully   extravagant

armour   cancel   correctly   particularly   lightning

2. Choose the most appropriate word from Task 1 to complete the following sentences:

a) To mark the anniversary of this battle, all the soldiers wore a special _____ for the celebrations.

b) This job advertisement stated that they were _____ interested in people who could drive lorries.

c) The project had to be revised as the initial plan was too _____.

d) Bruce, the quiz master announced that Team A had answered all the questions _____ and therefore had won the trophy.

e) Pennywise supermarket is now introducing contactless checkout systems in order to improve customer _____.

f) The police car moved at the speed of _____ on the motorway.

g) Greta was annoyed with the shopkeeper for the _____ plastic bags that were used to wrap mangoes.

h) The referee had to _____ the final of this tournament as the football pitch was covered in thick snow.

i) It seems _____ that my mobile phone has more functions than the computer that was used in the lunar module that first landed man on the moon.

j) _____, we will arrive at the train station before midday in order to catch the train to John O'Groats.

3. Find the ten words from Task 1 in the word search:

Z	C	E	X	F	L	S	Z	D
B	H	B	K	R	H	A	L	P
A	M	B	I	T	I	O	U	S
C	C	I	G	Q	G	I	M	H
E	Z	E	V	L	I	O	Z	P
X	P	X	S	I	N	D	O	A
P	K	T	E	G	J	M	D	R
E	E	R	Z	H	V	U	Q	T
R	O	A	E	T	B	S	V	I
I	E	V	A	N	R	H	Y	C
E	G	A	H	I	G	C	A	U
N	A	G	X	N	N	O	N	L
C	B	A	T	G	A	R	W	A
E	R	N	W	I	N	R	I	R
Q	M	T	W	Q	D	E	N	L
U	B	K	I	J	S	C	C	Y
A	R	M	O	U	R	T	R	G
Q	I	Q	Z	W	I	L	E	Z
V	G	B	I	Q	Y	Y	D	J
Z	W	U	N	U	U	R	I	N
C	A	N	C	E	L	S	B	N
W	V	M	M	R	E	A	L	H
C	H	K	Q	S	E	T	E	P
H	O	P	E	F	U	L	L	Y
L	C	M	X	B	V	X	E	E

EXERCISE 11

1. Using a dictionary, learn the meaning of these words:

telecommunication   registration   regular   logically   foreign

accordance   emphasis   punctuation   truth   overwhelming

2. Choose the most appropriate word from Task 1 to complete the following sentences:

a) Gordon, the headmaster, pointed out to the parents that much _____ is put on grammar, vocabulary and punctuation for the English papers in school entrance examinations.

b) Anup, the driving examiner asked, "Craig, can you please read the _____ number plate of the car in front of us?".

c) Although Philip wrote an excellent story, he did not get full marks as there were several _____ mistakes.

d) The chemistry teacher had to ask the class to leave the laboratory as the odour from the experiment he had just performed was _____.

e) Thanks to major advances in the field of _____, working from home is becoming more normal.

f) Zhang was fluent in several _____ languages.

g) In _____ with the rules and regulations of the school, we are not allowed to leave the classrooms before the bell rings.

h) Jurgen, the language teacher, told his pupils that he would have _____ spelling and grammar tests in his class.

i) There were several versions of this event and this made it more difficult to know the _____.

j) This story was clear, interesting and _____ written.

3. Find the ten words from Task 1 in the word search:

A	R	E	G	U	L	A	R	N
Y	F	P	O	O	U	R	J	N
A	L	U	C	V	M	E	B	A
C	N	N	H	E	I	G	D	T
C	E	C	W	R	A	I	E	E
O	U	T	G	W	E	S	I	L
R	H	U	V	H	Q	T	C	E
D	T	A	B	E	Q	R	E	C
A	B	T	W	L	M	A	G	O
N	Q	I	L	M	T	T	D	M
C	J	O	Y	I	S	I	D	M
E	H	N	P	N	P	O	I	U
H	H	D	Q	G	T	N	E	N
A	Q	L	U	M	A	B	J	I
W	R	X	B	H	K	G	X	C
E	M	P	H	A	S	I	S	A
N	Y	T	V	Z	F	H	W	T
N	X	V	T	R	U	T	H	I
R	Y	B	V	D	I	X	O	O
E	V	J	S	D	U	H	W	N
L	O	G	I	C	A	L	L	Y
E	X	D	Z	A	Z	B	W	P
G	R	F	O	R	E	I	G	N
L	N	C	H	G	X	A	C	Q
M	O	C	K	Y	A	L	I	L

EXERCISE 12

1. **Using a dictionary, learn the meaning of these words:**

experiment   enough   although   fascinating   dinosaur

fabulous   abundance   comprehension   collision   further

2. **Choose the most appropriate word from Task 1 to complete the following sentences:**

a) The view from the top of Mount Kilimanjaro was _____.

b) The display in the museum gives a _____ view of how the residents of this village lived in the sixteenth century.

c) Gareth had to _____ with different pieces of wood before he could select the right one to make the box.

d) The supertanker has to veer slightly to the right in order to avoid a _____ with the cruise ship.

e) Farmer Granville had a good harvest this year and he has an _____ of squash and apples.

f) The shop had a note on its door stating that because of a leaking roof, the shop will be closed until _____ notice.

g) The scientist examined the footprint on the rock found at the seaside and concluded that it was that of a massive _____ which was common in this area many millions of years ago.

h) The Cantonese language examination will include both a written test and listening _____ test.

i) The bus driver could not continue his journey as there was not _____ petrol in the tank.

j) _____ the weather forecast showed heavy rain and hailstorm, it turned out to be a lovely warm, sunny day.

3. Find the ten words from Task 1 in the word search:

E	N	O	U	G	H	U	F	C
X	N	A	C	Q	T	L	A	O
P	T	B	G	E	V	F	S	M
E	L	U	H	I	X	L	C	P
R	C	N	W	H	Y	C	I	R
I	U	D	W	L	C	N	N	E
M	D	A	B	Q	J	J	A	H
E	I	N	F	Z	J	D	T	E
N	Z	C	T	S	A	Q	I	N
T	C	E	H	K	O	P	N	S
G	M	C	I	Z	T	I	G	I
S	R	F	E	V	F	P	Y	O
D	I	N	O	S	A	U	R	N
G	C	Q	I	H	Z	K	T	Q
L	F	A	B	U	L	O	U	S
Q	L	D	G	Z	O	E	D	G
S	R	S	U	W	U	B	T	J
X	T	U	D	L	G	N	I	Q
F	K	N	B	B	E	Z	V	F
L	A	L	T	H	O	U	G	H
C	O	L	L	I	S	I	O	N
S	Z	V	U	Y	W	F	Z	L
H	F	U	R	T	H	E	R	C
Y	M	T	P	I	J	D	J	F
G	H	A	N	H	G	L	E	V

EXERCISE 13

1. **Using a dictionary, learn the meaning of these words:**

climbed   accidentally   hurriedly   peacefully   multiplication

marvellous   carriage   hear   pitiful   careless

2. **Choose the most appropriate word from Task 1 to complete the following sentences:**

a) Muir was excellent at mathematics; he was able to work out complex _____ faster than a calculator.

b) The team who _____ Mount Everest displayed courage, determination and excellent mountaineering skills.

c) I could _____ the robins making a whistling sound in the garden this morning.

d) The art collector told the audience that the sketch by Vincent looked _____ and would be very valuable.

e) Rajeev, the English teacher, was not happy with Callum's work this week as he had made several _____ mistakes.

f) Her beautiful dress now smells of rotten eggs as Ivy, the waitress, _____ dropped a plate of salad on her dress.

g) Thomas, the ticket station master, informed us that facilities to use laptops were only available in the middle _____ of the train.

h) Hamish, _____ scribbled a note on a piece of paper which he then passed on to the chairperson of the meeting.

i) The tension between these two countries is becoming worse and to avert a major crisis, other neighbouring countries have urged them to resolve this situation _____.

j) The amount of money and other resources the government have invested in this project have been shameful and _____.

3. **Find the ten words from Task 1 in the word search:**

C	L	I	M	B	E	D	R	A
I	O	P	U	K	Y	P	A	C
F	S	E	L	M	S	U	M	C
I	B	A	T	M	G	Y	A	I
I	E	C	I	J	D	H	R	D
V	G	E	P	X	C	B	V	E
K	N	F	L	V	P	C	E	N
G	T	U	I	A	H	K	L	T
Y	J	L	C	D	K	P	L	A
Q	O	L	A	N	P	H	O	L
M	H	Y	T	R	C	A	U	L
M	U	E	I	Y	T	U	S	Y
G	R	C	O	T	H	V	G	L
O	R	H	N	I	J	F	B	C
Q	I	U	N	G	G	Q	Q	K
G	E	R	S	A	F	V	N	N
F	D	D	G	B	Z	K	L	J
N	L	A	E	H	Q	L	Y	H
H	Y	Y	A	H	E	B	K	P
C	A	R	R	I	A	G	E	O
A	Y	Q	E	W	S	I	X	H
O	P	I	T	I	F	U	L	E
J	V	I	N	I	M	O	C	A
C	A	R	E	L	E	S	S	R
C	Z	C	F	V	R	Y	S	N

EXERCISE 14

1. **Using a dictionary, learn the meaning of these words:**

plentiful	sagging	conscious	entrance	coward
release	scarce	humming	nightingale	balloon

2. **Choose the most appropriate word from Task 1 to complete the following sentences:**

a) Gunter showed us the underground _____ to this palace.

b) The children were playing with the huge orange _____ when it suddenly burst and made a loud noise.

c) Although Tony won several military medals, others have described him as a _____.

d) During the Covid-19 pandemic, many supermarkets informed their customers that there were _____ supplies of toilet paper.

e) The English group gave an interesting talk of why poets of different centuries have been fascinated by the song of the _____.

f) There was a long queue at the post office as today was the _____ of the new stamp commemorating the last World Cup.

g) Suddenly, there was an announcement on the tannoy at the train station, "All trains have been cancelled as the railway tracks are _____ due to the very hot weather".

h) As soon as we were in the tunnel, we were unable to continue the conversation as we could only hear a _____ sound on our mobile phones.

i) Since Doctor Chan warned him that his health will deteriorate further if he continues to eat sugary snacks, he is now making a _____ effort to eat more fruit.

j) As a consequence of severe droughts, food is becoming more and more _____ in some parts of the world.

3. Find the ten words from Task 1 in the word search:

S	A	G	G	I	N	G	Y	G
D	P	R	L	P	I	U	V	H
Q	L	J	F	G	O	A	P	M
I	E	I	Y	N	N	K	L	H
E	N	H	A	H	U	J	R	M
U	T	B	A	L	L	O	O	N
K	I	O	M	T	R	B	Z	B
I	F	R	N	V	K	B	W	K
I	U	L	X	U	S	U	T	R
Z	L	T	Q	G	P	T	I	S
C	O	N	S	C	I	O	U	S
N	F	E	R	C	G	T	G	N
C	P	N	E	F	R	Q	Q	I
O	K	T	L	G	G	J	G	G
W	O	R	E	X	A	K	M	H
A	K	A	A	Q	B	P	E	T
R	X	N	S	B	J	L	O	I
D	F	C	E	E	B	Z	E	N
T	C	E	B	K	Q	N	B	G
Q	S	C	A	R	C	E	E	A
G	T	X	B	U	H	J	Z	L
H	U	M	M	I	N	G	A	E
E	S	O	I	O	L	M	Y	Q
B	K	S	E	T	K	T	G	T
B	N	Y	N	M	J	A	I	E

EXERCISE 15

1. **Using a dictionary, learn the meaning of these words:**

adventure   diamond   temperature   separate   mathematics

tunnel   anxious   recognising   adoption   behaviour

2. **Choose the most appropriate word from Task 1 to complete the following sentences:**

a) Albert explained that he was good at _____ and this helped him to solve some of the more complex problems he encountered in physics.

b) Brian enjoyed reading science fiction _____ stories.

c) During the Covid-19 pandemic, many people were stockpiling food as they were _____ that there could be a shortage.

d) In order to understand the _____ of the starlings, Lionel has to spend some time in the field.

e) Scientists have been spending years trying to create an artificial _____.

f) Kieran did not want to travel through the _____ as he had to pay a toll charge.

g) The slow _____ of the Covid-19 vaccines in some countries has been greatly influenced by huge amount of unreliable information circulating on social media.

h) The world will be heading for a major disaster if the _____ of the planet continues to rise.

i) _____ the sudden increase of the rate of infection, politicians have called for an emergency meeting to implement measures to halt this infection.

j) Dinesh was not keen to purchase this mansion as the toilet and bathroom were _____ from the main house.

3. Find the ten words from Task 1 in the word search:

D	I	A	M	O	N	D	A	A
K	N	N	Q	T	I	E	D	D
R	L	X	Z	U	R	A	O	V
E	T	I	C	N	M	T	P	E
C	E	O	O	N	F	N	T	N
O	M	U	P	E	N	X	I	T
G	P	S	P	L	X	S	O	U
N	E	Z	F	T	T	Z	N	R
I	R	A	U	R	T	L	I	E
S	A	K	F	H	B	P	X	N
I	T	Z	X	D	R	O	V	M
N	U	K	E	W	G	V	S	A
G	R	A	C	U	O	Z	X	T
R	E	J	M	Z	K	T	S	H
S	E	P	A	R	A	T	E	E
H	D	Z	L	K	M	B	C	M
B	X	E	F	M	K	X	U	A
A	R	L	E	I	R	H	P	T
K	M	U	R	K	U	R	E	I
E	T	U	U	Y	Z	X	X	C
G	N	L	E	C	A	G	B	S
V	L	X	F	S	E	Q	Y	C
B	E	H	A	V	I	O	U	R
Z	G	M	V	W	W	R	F	J
D	E	N	D	M	V	J	U	I

EXERCISE 16

1. **Using a dictionary, learn the meaning of these words:**

burglar   decade   genius   generous   forehead

intelligence   deserve   capital   poisonous   flight

2. **Choose the most appropriate word from Task 1 to complete the following sentences:**

a) In this punctuation test, Clive scored high marks as he remembered to start all the sentences with _____ letters.

b) Garry won several chess tournaments at a very young age and was described by several newspapers as a budding _____.

c) The police were able to arrest the _____ easily as he was clearly visible on the security camera.

d) Only Elon was able to park his car in this tight space as his car was equipped with artificial _____ systems.

e) There was a rush of passengers to the departure gate following an announcement that _____ 747 to Seoul was now boarding.

f) The value of properties in Leeds has risen sharply in the past _____.

g) Everybody was laughing at Ingrid as she had not wiped off a dollop of ice cream on her _____.

h) During the hot weather, there has been an invasion of spiders, some of which have been found to be _____.

i) Hamid thanked the residents for their _____ gift of vegetables to the food bank.

j) The public is in total agreement that the nurses _____ a more reasonable pay rise rather than a clap on Thursday evenings.

3. Find the ten words from Task 1 in the word search:

U	G	K	U	L	S	G	B	Z
A	D	E	C	A	D	E	U	G
P	P	N	N	W	K	B	R	P
I	F	N	M	D	C	Q	G	Y
C	O	V	D	E	X	P	L	Q
I	R	I	H	S	O	O	A	B
N	E	N	T	E	U	I	R	U
N	H	T	B	R	B	S	J	Q
F	E	E	R	V	T	O	H	G
X	A	L	H	E	C	N	H	X
T	D	L	Q	O	O	O	F	W
R	Z	I	L	G	E	U	S	Y
D	L	G	W	R	W	S	A	L
S	K	E	R	W	V	L	I	J
V	Y	N	F	L	I	G	H	T
W	G	C	I	A	Q	L	U	R
G	B	E	W	V	R	T	B	V
E	W	M	V	K	N	Q	X	H
N	T	C	A	P	I	T	A	L
I	P	Y	F	O	G	I	L	I
U	X	Y	H	T	C	Y	Z	G
S	K	G	B	C	A	Y	W	D
R	G	E	N	E	R	O	U	S
T	K	W	E	V	Y	B	T	V
K	B	H	Y	W	U	A	S	Z

EXERCISE 17

1. **Using a dictionary, learn the meaning of these words:**

miscellaneous   thief   pondered   calculate   expensive

amphibian   revolving   permanently   destination   inhabited

2. **Choose the most appropriate word from Task 1 to complete the following sentences:**

a) Ole looks absolutely _____ in this expensive green suit.

b) The toilet in this office is _____ out of order, which is causing a lot of inconvenience.

c) The bank reassured Freddie that the _____ was not able to gain access to his account but advised him to change his PIN number immediately.

d) The tourist guide explained that this place used to be _____ by pirates.

e) It was difficult to move around Grandma Melba's house as there were _____ items and furniture arranged haphazardly.

f) The teacher asked the pupils to _____ the total amount of calories they consume in a week.

g) Zahir has developed a solar-powered _____ vehicle.

h) The island has now become overcrowded since it has become a popular tourist _____.

i) It was difficult to find one's way around this building as it had several _____ doors.

j) Milo, the cat, _____ on all that was happening around him in the garden.

3. Find the ten words from Task 1 in the word search:

G	A	O	M	U	O	L	P	K
E	M	U	P	M	P	X	M	I
X	P	O	E	V	O	T	J	N
P	H	D	R	H	N	B	D	H
E	I	V	M	T	D	G	R	A
N	B	V	A	K	E	V	M	B
S	I	P	N	R	R	G	I	I
I	A	L	E	D	E	V	S	T
V	N	N	N	E	D	K	C	E
E	K	P	T	S	O	U	E	D
P	G	R	L	T	S	R	L	T
Z	Q	E	Y	I	R	Q	L	H
Y	I	V	I	N	C	D	A	I
Z	E	O	O	A	V	N	N	O
U	O	L	D	T	B	T	E	T
X	O	V	J	I	U	E	O	Y
K	M	I	V	O	U	I	U	H
W	A	N	Q	N	A	X	S	L
R	I	G	I	U	R	D	D	Y
H	P	X	V	T	H	I	E	F
E	Y	D	W	M	C	B	H	Y
Y	R	G	H	N	W	R	A	Z
C	A	L	C	U	L	A	T	E
V	W	A	F	B	Y	T	Y	G
X	M	L	W	P	B	G	N	O

EXERCISE 18

1. Using a dictionary, learn the meaning of these words:

expensive literature subtraction boastfulness uneasiness

unacceptable informal glamorous intervention opportunity

2. Choose the most appropriate word from Task 1 to complete the following sentences:

a) Initially, Claudio, the manager had an _____ meeting with all his employees in an attempt to resolve the dispute.

b) There was a feeling of _____ in the country when it was announced that a total lockdown will be reimposed as the rate of Covid-19 was rising.

c) Only divine _____ could prevent Tuna Rovers from being relegated to the Football League Second Division.

d) Giuseppe found out that food sold in the street market was as tasty as food available in _____ restaurants.

e) Frank complained to the hotel manager that the service he received during his stay was well below expected standards and totally _____.

f) Doctor Vijay told the anxious patients that there was not any _____ at the moment on this disease.

g) Desmond, the sport commentator said that Kalvin missed a golden _____ when he failed to score a goal.

h) Using _____, Alan was able to solve the complex puzzle.

i) The tall building in this city does not look as _____ as the other old buildings in the vicinity.

j) The politician did not get elected this time because of his _____.

3. Find the ten words from Task 1 in the word search:

U	I	B	N	U	K	Y	M	L
N	Q	I	P	W	L	G	L	I
E	H	M	I	A	A	I	J	T
A	M	L	N	E	H	S	J	E
S	U	T	T	W	D	U	Y	R
I	N	E	E	Y	B	B	W	A
N	A	L	R	O	K	T	Y	T
E	C	H	V	P	O	R	B	U
S	C	P	E	P	Y	A	Q	R
S	E	S	N	O	B	C	C	E
N	P	M	T	R	O	T	I	J
E	T	R	I	T	A	I	R	S
D	A	O	O	U	S	O	Y	Z
U	B	T	N	N	T	N	E	C
U	L	O	L	I	F	G	F	A
I	E	F	B	T	U	T	D	H
Y	U	D	Y	Y	L	W	L	K
V	L	Y	Q	Z	N	U	V	G
X	D	N	X	O	E	V	U	P
S	Z	J	R	T	S	T	M	H
O	E	S	P	E	S	T	Y	H
G	L	A	M	O	R	O	U	S
E	X	P	E	N	S	I	V	E
S	S	Q	Q	G	N	T	B	D
D	I	N	F	O	R	M	A	L

EXERCISE 19

1. Using a dictionary, learn the meaning of these words:

kittens	opponent	competition	highway	adversary
abandon	millionaire	fascinating	compulsory	wealthy

2. Choose the most appropriate word from Task 1 to complete the following sentences:

a) In order to pass his driving test, George has to learn the _____ code.

b) Abdul set up a company making chutneys and became a _____ by the age of twenty years old.

c) I was surprised to find out that this shop is now selling organic food for _____.

d) Cameron and his team had to _____ their plans to climb Ben Nevis as a storm was imminent.

e) Although it is not _____ by law to wear face masks in supermarkets, this supermarket is however advising customers to wear one to protect themselves and others.

f) Only children between the ages of ten years old and twelve years old can enter this football _____.

g) I always walk on the other side of the road, as there is a bulldog who is always barking at me and sees me as a potential _____.

h) Although, Fergal is very _____, he is always wearing the same clothes and will never invite you to his home for a meal.

i) Tim congratulated his _____ for winning the finals and playing an excellent game.

j) Mohan's biography provides a _____ glimpse of how the empire was dismantled.

3. Find the ten words from Task 1 in the word search:

D	K	Q	H	B	Y	B	J	L
A	O	P	P	O	N	E	N	T
O	C	F	E	O	X	C	G	A
X	K	A	R	B	J	J	M	B
I	H	S	N	J	F	N	I	A
E	V	C	Y	C	I	K	L	N
L	B	I	I	O	Q	S	L	D
S	P	N	Q	M	Z	P	I	O
C	C	A	F	P	V	M	O	N
O	A	T	P	U	B	M	N	X
M	C	I	K	L	J	Z	A	W
P	X	N	B	S	S	P	I	T
E	F	G	Y	O	K	R	R	I
T	C	U	W	R	P	X	E	T
I	D	F	T	Y	I	Q	D	Q
T	L	W	E	A	L	T	H	Y
I	L	B	L	H	I	L	B	Q
O	H	R	U	X	A	R	M	I
N	H	I	M	V	E	W	L	C
R	H	I	G	H	W	A	Y	H
A	D	V	E	R	S	A	R	Y
L	A	K	I	T	T	E	N	S
S	D	E	V	N	L	P	W	Z
F	U	H	R	A	H	E	Q	U
K	B	C	K	P	I	J	Z	I

EXERCISE 20

1. Using a dictionary, learn the meaning of these words:

autobiography   scenes   valley   batteries   terminus

comedy   confusion   powerful   beige   hazard

2. Choose the most appropriate word from Task 1 to complete the following sentences:

a) It is very easy to locate Alexis's house as it is the only one painted in _____ in this neighbourhood.

b) Fortunately, Krishna was able to recharge the _____ for his camera on the train.

c) As he was excellent with words, Zac was able to write a _____ with several episodes for television.

d) The architect advised that the kitchen could not be built on the first floor as it is likely to be a fire _____.

e) This _____ is good for farming as there were two rivers running through it.

f) The astronomers need to have a more _____ telescope to study this comet.

g) In his _____, Alex described what motivated to become a good footballer.

h) The residents strongly objected against the building of this bus _____ in their village.

i) In his speech, the mayor thanked the volunteers who have been working hard behind the _____ to make this event a success.

j) Anna's e-mail caused a lot of _____ because of all the punctuation and spelling mistakes.

3. Find the ten words from Task 1 in the word search:

I	Q	L	K	O	N	O	M	A
J	B	E	I	G	E	S	R	K
W	N	C	O	M	E	D	Y	L
T	K	Z	H	W	H	D	G	G
G	C	G	S	C	E	N	E	S
P	O	F	H	R	O	D	E	I
C	N	V	A	L	L	E	Y	N
A	F	Q	I	K	A	B	B	E
U	U	I	D	T	V	A	P	A
T	S	O	K	E	H	T	O	Z
O	I	Z	N	R	A	T	B	X
B	O	Z	V	M	N	E	Y	Z
I	N	J	S	I	O	R	T	M
O	U	H	I	N	O	I	F	B
G	Q	B	U	U	Z	E	G	R
R	M	P	O	S	K	S	R	F
A	K	O	Z	L	F	R	E	R
P	L	W	I	A	F	D	D	D
H	K	E	Z	Z	R	H	H	G
Y	Z	R	I	T	K	A	A	Y
Z	E	F	X	Z	K	W	Z	N
D	B	U	M	K	P	Q	A	L
G	V	L	F	N	P	W	R	K
S	D	D	H	C	J	E	D	V
H	M	Y	B	J	P	B	Z	R

EXERCISE 21

1. Using a dictionary, learn the meaning of these words:

scientific   observation   scholar   clarification   amazement

schedule   theatre   magician   subordinate   successfully

2. Choose the most appropriate word from Task 1 to complete the following sentences:

a) To our _____, the car was able to complete the journey on an almost empty fuel tank.

b) The _____ showed the children how he did some of his tricks.

c) Before Deepak became the Chief Executive Officer of this organisation, he had to take a _____ role in various departments.

d) The government has asked several laboratories to carry out _____ research in the field of infectious diseases.

e) The famous actor, Dillip, started his acting career in this small _____.

f) The letter from the tax office was so ambiguous that we needed to contact them several times for _____.

g) Graham was disappointed with the builders as they were not able to complete his underground parking on _____.

h) In the preface of this book, the writer commented that the story was based on his personal _____.

i) Hamid was a highly respected _____ in the field of English civilisation.

j) Anyone who _____ completes this puzzle first will win the top prize.

3. Find the ten words from Task 1 in the word search:

R	C	M	R	E	B	G	J	Z
S	L	D	H	K	T	P	A	G
C	A	G	H	C	Q	W	X	E
I	R	T	H	E	A	T	R	E
E	I	D	I	B	R	Q	S	O
N	F	Z	S	W	U	S	H	K
T	I	S	U	D	D	U	Q	Z
I	C	Y	B	R	N	C	A	B
F	A	Y	O	K	A	C	M	Q
I	T	O	R	H	G	E	P	R
C	I	V	D	U	R	S	O	D
A	O	A	I	M	B	S	F	W
M	N	H	N	F	H	F	N	N
A	B	U	A	A	C	U	K	O
Z	Z	I	T	D	G	L	D	B
E	X	W	E	V	S	L	T	S
M	D	I	E	U	F	F	E	E
E	C	K	D	O	G	U	P	R
N	O	U	M	S	Z	O	H	V
T	O	T	S	S	D	X	C	A
F	I	U	U	T	F	I	V	T
S	C	H	E	D	U	L	E	I
M	A	G	I	C	I	A	N	O
W	S	C	H	O	L	A	R	N
Z	Y	U	W	I	S	W	T	H

EXERCISE 22

1. Using a dictionary, learn the meaning of these words:

marine	submerge	peninsula	monument	intend
absolute	hoarse	astronomer	universe	proverb

2. Choose the most appropriate word from Task 1 to complete the following sentences:

a) With the aid of a powerful telescope, Nicholas, the _____, was able to identify the movement of this comet.

b) It was an _____ delight to watch the sunset from the top of this hill.

c) The scientists are now concerned that plastic is now threatening _____ life.

d) Fiona was not able to read the news today as she has developed a cold and her voice was _____.

e) When Tom translated the _____ from Cantonese to Swahili, it had a different meaning and was extremely funny.

f) The tourist guide recommends a visit to the Lizard _____ as it is magnificent and offers breathing views.

g) Brian gave an interesting talk on how the age of the _____ is measured.

h) Alonzo, the master chef, does not usually _____ his ingredients in water when he cooks egusi.

i) To commemorate the anniversary of the 100 birthday of this famous scientist, a _____ was erected in his honour.

j) Noah and his friends are constructing a catamaran as they _____ to travel around the world.

. Find the ten words from Task 1 in the word search:

B	B	M	A	R	I	N	E	U
N	G	L	X	G	X	P	L	P
B	S	B	R	E	T	B	E	E
B	U	H	S	M	B	P	Z	N
C	B	I	N	T	E	N	D	I
E	M	G	D	K	F	V	V	N
O	E	R	Y	Z	N	M	I	S
Q	R	H	O	A	R	S	E	U
V	G	A	U	C	U	P	R	L
I	E	B	U	T	E	M	O	A
M	O	N	U	M	E	N	T	X
F	Y	S	L	C	C	V	N	A
Y	H	D	J	X	D	N	R	S
A	B	S	O	L	U	T	E	T
S	U	M	B	Z	O	M	L	R
W	S	I	H	F	N	T	H	O
X	I	Y	I	K	D	T	P	N
F	A	G	V	I	I	X	N	O
Y	F	Y	X	Z	W	K	F	M
N	U	N	I	V	E	R	S	E
T	X	F	I	Y	G	X	X	R
S	U	N	S	D	Z	Z	J	T
Y	P	R	O	V	E	R	B	B
N	B	P	C	B	X	R	N	P
A	X	T	L	H	L	F	Q	Y

EXERCISE 23

1. Using a dictionary, learn the meaning of these words:

constellation   detach   truant   agency   humour

specimen   original   mansion   upholstery   mantelpiece

2. Choose the most appropriate word from Task 1 to complete the following sentences:

a) Aura Travel _____ was offering a massive discount to all customers who book online.

b) Johan built an eco -friendly _____ in the middle of this huge forest.

c) The letter gives clear instructions on how to _____ the label from the box.

d) Tom was a very popular shop assistant and he had a great sense of _____.

e) All the ornaments were neatly arranged on my Grandmother's _____.

f) The _____ in the house was very old and did not match the colour of the newly painted walls.

g) Although the painting was expensive, it was not an _____ one.

h) The newspaper has an illustration of a _____ of stars that can be identified during the summer months.

i) There was a strong warning from the headmaster that pupils who play _____ will have their holidays cancelled.

j) In order to find more effective medication to treat the Omicron variant, the scientists have been analysing blood _____ from both people who have been vaccinated and those who have not.

3. Find the ten words from Task 1 in the word search:

H	D	Z	P	Z	V	E	U	I
U	R	O	A	G	E	N	C	Y
M	G	V	V	Q	L	R	J	J
O	G	W	M	F	F	U	B	H
U	T	R	U	A	N	T	A	D
R	W	X	D	E	T	A	C	H
S	P	E	C	I	M	E	N	C
J	Q	F	A	O	E	E	P	O
I	A	G	C	M	H	M	L	N
W	D	U	R	A	N	R	J	S
T	W	P	O	N	C	O	Q	T
K	O	H	G	T	X	B	K	E
D	B	O	G	E	X	N	M	L
O	S	L	T	L	H	T	Z	L
R	W	S	P	P	P	T	A	A
U	W	T	M	I	P	U	E	T
O	H	E	M	E	K	S	N	I
R	D	R	I	C	F	D	O	O
I	A	Y	J	E	W	O	R	N
G	S	V	U	U	L	K	R	T
I	O	Q	K	L	N	O	G	N
N	A	F	G	I	P	N	L	B
A	Q	B	G	Q	E	W	B	M
L	H	M	A	N	S	I	O	N
J	L	U	L	K	X	E	X	Z

EXERCISE 24

1. Using a dictionary, learn the meaning of these words:

foundation   diminish   confusion   novelist   continuous

concentration   misfortune   apologetic   neighbour   conspicuous

2. Choose the most appropriate word from Task 1 to complete the following sentences:

a) The builders were digging the _____ for the new wall.

b) "We must try to _____ the cost of producing this new vacuum cleaner", declared the manager.

c) There was a lot of _____ when the tornado struck the city.

d) Jane Austen was an English _____ who was born in Hampshire in the year 1775.

e) There was a _____ stream of visitors at the local museum.

f) A game of chess requires a lot of _____.

g) Tom's injury in the football match was a great _____.

h) My sister was very _____ about forgetting my birthday.

i) I will bake a Christmas cake and give it to my _____ who lives on her own.

j) The red flag was put in a very _____ spot near the cliff.

3. Find the ten words from Task 1 in the word search:

K	X	Q	T	N	Q	F	X	Y
W	D	I	M	I	N	I	S	H
C	O	N	F	U	S	I	O	N
R	D	I	O	Y	P	Z	L	D
F	E	M	M	I	Z	N	R	N
O	R	W	I	G	T	C	V	O
U	K	H	S	R	G	O	J	V
N	G	P	F	X	V	N	B	E
D	J	C	O	P	X	S	G	L
A	L	O	R	M	O	P	C	I
T	N	N	T	G	M	I	O	S
I	M	C	U	A	B	C	N	T
O	P	E	N	P	R	U	T	K
N	I	N	E	O	O	O	I	C
H	W	T	R	L	X	U	N	A
B	O	R	R	O	B	S	U	O
R	N	A	U	G	R	F	O	S
U	Y	T	H	E	Y	K	U	P
N	S	I	A	T	F	F	S	U
I	Z	O	R	I	U	O	P	V
X	X	N	M	C	E	A	P	E
B	Z	Z	A	P	N	D	W	N
N	E	I	G	H	B	O	U	R
I	P	G	J	F	E	E	D	G
Z	F	I	H	W	X	Z	Y	I

EXERCISE 25

1. Using a dictionary, learn the meaning of these words:

congregation   quarrel   twelfth   superb   ruthless

monarch   opponent   tornado   comprise   massacre

2. Choose the most appropriate word from Task 1 to complete the following sentences:

a) The village was completely demolished by a severe _____.

b) Rice and Peas F.C sacked their manager as they finished _____ in the Premier League.

c) There were several documents in this museum about the history of this famous _____.

d) The priest informed the _____ that in line with government regulations during the Covid-19 pandemic, face coverings will be mandatory when they attend the next service.

e) The tourist guide explained that this monument marked the spot where a terrible _____ occurred about five centuries ago.

f) We enjoyed a _____ meal at the smiling Ragamuffin restaurant.

g) Milky Way TV channel will now show the film the Magnificent 100 and it will _____ of 30 episodes.

h) At last, both Vladimir and Donald were able to complete the cryptic crossword puzzle when they worked out the antonym for the word "_____".

i) After winning the tennis championship, Emma commented that her _____ played a very skilful game.

j) Roald was _____ in his pursuit to become the first person to reach the Antarctic.

3. Find the ten words from Task 1 in the word search:

Y	Q	U	A	R	R	E	L	A
Z	S	X	P	H	H	D	K	V
T	W	E	L	F	T	H	S	Y
Z	A	D	I	S	J	W	U	S
P	S	P	R	G	R	H	P	Q
S	C	S	A	L	T	Q	E	Q
Z	V	V	K	N	I	K	R	G
O	M	H	L	C	X	A	B	Y
R	U	T	H	L	E	S	S	P
U	U	H	W	P	J	P	F	C
M	X	T	Y	D	D	E	R	O
O	K	O	S	C	Z	Q	V	N
N	H	R	R	O	M	M	U	G
A	H	N	H	M	Y	A	B	R
R	O	A	F	P	R	S	U	E
C	P	D	I	R	E	S	V	G
H	P	O	B	I	E	A	F	A
F	O	A	U	S	P	C	R	T
H	N	O	F	E	B	R	O	I
R	E	H	K	A	P	E	Z	O
K	N	L	Q	D	G	Z	W	N
B	T	D	O	D	M	U	F	I
X	M	A	Z	I	G	Y	Z	D
U	B	J	P	H	J	X	R	U
R	L	T	F	Y	Z	B	T	O

EXERCISE 26

1. Using a dictionary, learn the meaning of these words:

improbable   commence   elegant   vengeance   affectionate

scandal   pedestrians   variable   pathetic   traveller

2. Choose the most appropriate word from Task 1 to complete the following sentences:

a) Peggy's palace looks _____ after the refurbishment.

b) The minister was forced to resign when he was found involved in
a _____.

c) The council will not grant Marsreach Construction planning permission
to _____ work on building the tallest skyscraper in the city.

d) Filo was familiar with the Hakata dialect as he was a
frequent _____ to Japan.

e) The weather has been very _____ this winter.

f) As he has played all day, he is now working with a _____ in order to
finish this essay.

g) The countryside was beautiful, however, the sight of so much litter made it
look _____.

h) Everybody loves Fido as he was an extremely _____ dog.

i) The scientists explained that it is highly _____ that the Covid-19
virus will be completely eliminated this year.

j) In order to reduce carbon emission, this road will be for _____ only.

3. Find the ten words from Task 1 in the word search:

H	T	N	S	I	G	L	I	F
V	H	Z	P	W	P	A	M	J
E	C	S	E	Y	A	E	P	Q
N	P	Z	D	G	T	E	R	I
G	O	H	E	A	H	M	O	V
E	K	L	S	R	E	D	B	E
A	C	A	T	A	T	W	A	K
N	A	B	R	Y	I	R	B	U
C	F	L	I	V	C	T	L	P
E	F	N	A	A	A	R	E	H
W	E	Z	N	R	F	A	W	U
W	C	U	S	I	D	V	Z	F
K	T	K	W	A	B	E	F	B
Z	I	F	K	B	A	L	T	F
Y	O	J	Q	L	Y	L	K	Z
X	N	R	Z	E	F	E	F	S
I	A	P	S	S	X	R	X	P
H	T	U	N	D	S	R	I	B
Q	E	S	C	A	N	D	A	L
J	U	W	X	W	I	W	C	T
J	T	I	A	O	T	C	I	G
J	I	E	L	E	G	A	N	T
N	I	K	L	G	H	E	Y	Y
C	M	U	S	I	P	E	O	X
C	O	M	M	E	N	C	E	E

EXERCISE 27

1. Using a dictionary, learn the meaning of these words:

sombre	distribution	geysers	prohibit	hippopotamus
hoard	immigrant	advisable	foreign	foreigner

2. Choose the most appropriate word from Task 1 to complete the following sentences:

a) Supermarkets can now _____ customers from entering their premises if they are not wearing face-coverings.

b) As there will be a high demand for tickets for this rugby final, it is _____ to book tickets at least six months in advance.

c) The Remembrance Sunday parade to celebrate the war heroes was a rather _____ occasion.

d) His command of English was so brilliant that nobody could believe he was a _____.

e) Abe had a _____ of valuable and rare paintings in his loft.

f) My family and I hope to travel to Iceland next week and take photos of famous _____.

g) Doris is writing a book on the contribution made by the _____ community to the National Health Service in this country.

h) Chandran, the surgeon, informed us that the patient will need to have an X-Ray to locate the _____ body in his stomach before he can proceed with operation.

i) It is widely acknowledged that in order to eradicate the Covid-19 virus, a fairer _____ of vaccines in the world would be necessary.

j) Luangwa River in Zambia is famous for being a favourite location to the _____ family.

3. Find the ten words from Task 1 in the word search:

D	K	W	S	O	M	B	R	E
I	G	E	Y	S	E	R	S	K
S	B	D	O	C	E	T	C	V
T	M	T	L	K	R	E	O	G
R	P	R	O	H	I	B	I	T
I	G	Q	I	Z	K	Z	K	O
B	R	H	O	A	R	D	H	W
U	I	L	G	U	H	O	I	M
T	A	D	I	M	F	B	P	T
I	D	X	M	I	J	O	P	B
O	V	J	M	Y	Q	L	O	P
N	I	K	I	S	Q	V	P	P
Z	S	B	G	P	I	Y	O	R
X	A	P	R	U	U	T	T	T
S	B	X	A	C	G	K	A	W
S	L	R	N	J	T	I	M	B
B	E	S	T	O	D	R	U	W
Q	G	B	H	D	N	C	S	F
T	G	D	H	M	G	C	A	G
F	O	R	E	I	G	N	E	R
U	X	D	E	O	V	H	S	K
Q	B	V	W	E	T	I	O	O
F	O	R	E	I	G	N	W	X
N	Q	V	C	W	R	Q	H	S
S	O	F	E	V	T	N	T	G

EXERCISE 28

1. **Using a dictionary, learn the meaning of these words:**

pivot	exclamation	aggressive	inexpensive	impression
smoulder	desperate	pneumatic	wreckage	accelerate

2. **Choose the most appropriate word from Task 1 to complete the following sentences:**

a) It gives a good _____ if you are smartly dressed and are tidy for a job interview.

b) Speed1 Railway Company bores massive holes in tunnels using special _____ drills.

c) The space scientist has to _____ the telescope on a huge stand to obtain a clearer picture of the comet.

d) The economist was very concerned that the high rate of inflation will _____ the rise in prices of commodity goods.

e) The fire at the tower happened about a week ago but it seems to continue to _____.

f) There is always a queue of people near this shop as it is famous for selling _____ food.

g) _____ of the plane was found on the mountain after an extensive search of the area.

h) There was a huge _____ of delight when the headmaster informed the pupils that they had all passed the examination.

i) Fiona received a text message from her friend, Molly, who told her that the village was in a _____ situation as all the shops were closed following the flood.

j) The referee gave Eddie a red card as he was aggressive _____ the other players.

3. Find the ten words from Task 1 in the word search:

R	R	G	U	A	L	X	K	Y	Y
D	E	S	P	E	R	A	T	E	E
F	A	D	S	Q	P	O	H	E	X
U	G	R	P	N	A	C	O	L	C
B	G	J	N	O	C	X	L	C	L
H	R	U	E	U	C	F	U	L	A
Q	E	X	U	I	E	S	F	A	M
X	S	D	M	O	L	Y	S	M	A
R	S	A	A	W	E	P	V	A	T
K	I	I	T	R	R	R	P	T	I
Q	V	M	I	E	A	Q	I	I	O
S	E	P	C	C	T	D	V	O	N
Q	V	R	Z	K	E	W	O	N	B
H	N	E	J	A	F	H	T	B	V
I	V	S	L	G	F	Y	C	V	N
N	R	S	N	E	S	L	R	N	J
E	F	I	E	M	T	J	W	J	D
X	B	O	W	Z	I	L	B	D	S
P	G	N	Z	G	P	Z	B	S	B
E	H	Q	V	H	F	X	G	B	R
N	S	M	O	U	L	D	E	R	Z
S	X	W	S	H	L	D	L	J	Y
I	X	F	G	L	J	O	J	G	L
V	E	S	G	A	P	F	G	G	L
E	F	X	G	A	A	Q	O	P	T

59

EXERCISE 29

1. Using a dictionary, learn the meaning of these words:

catastrophe   inflammable   companion   vital   pollen

shrivel   broccoli   research   cereal   mahogany

2. Choose the most appropriate word from Task 1 to complete the following sentences:

a) The expensive painting Pablo purchased at this gallery resembled florets of _____.

b) Albert usually takes his favourite _____, Zeus the dog, for a long walk in the park every morning.

c) This _____ table which was built in the seventeenth century displayed great skill and craftsmanship.

d) Bruce, the farmer, is worried that the sprouts will all _____ up as the weather has been so dry over the last few months.

e) The price of lithium is increasing as it is a _____ component for electric car batteries.

f) There was a warning note written in bold red letters on the bottle stating that this liquid is highly _____.

g) A huge amount of _____ is now being undertaken to find an oral vaccine to fight Covid-19.

h) Milk, sugar, tomatoes, olive oil, ghee, manioca, _____, rice and dahl were on the shopping list.

i) The scientists reckon that a major _____ awaits the whole of humanity if urgent steps are not taken to reduce carbon emission.

j) The gardener was very grateful to the bees that fertilise his plants by bringing _____ to them.

3. Find the ten words from Task 1 in the word search:

O	Q	P	Q	M	C	U	Y	F
T	Q	K	B	X	D	M	H	C
H	L	W	W	Y	W	A	M	T
F	Y	Q	C	O	E	H	X	F
S	C	N	E	R	G	O	A	S
W	A	K	R	X	L	G	K	X
G	T	Y	E	U	C	A	X	W
L	A	S	A	S	T	N	B	Q
U	S	V	L	Y	N	Y	Z	E
A	T	D	W	C	E	K	G	G
K	R	Z	F	K	E	D	T	D
Q	O	U	X	Y	G	I	F	F
C	P	H	O	W	K	P	A	S
O	H	G	F	N	K	R	W	I
M	E	H	M	I	T	I	I	N
P	Y	X	C	S	M	E	E	F
A	S	N	V	P	E	M	X	L
N	Z	B	V	I	T	A	L	A
I	O	T	G	L	C	U	W	M
O	I	F	Y	B	M	H	F	M
N	N	P	O	L	L	E	N	A
P	S	H	R	I	V	E	L	B
F	I	H	M	P	A	P	E	L
B	R	O	C	C	O	L	I	E
N	R	E	S	E	A	R	C	H

EXERCISE 30

1. Using a dictionary, learn the meaning of these words:

deciduous   naturalist   bacteria   obstacle   obstruct

perforate   indignant   equivalent   apparently   business

2. Choose the most appropriate word from Task 1 to complete the following sentences:

a) Luggage should not be left in this corridor as it will _____ the fire exit door.

b) The mathematics teacher asked his pupils to write the _____ of one foot in centimetres.

c) In order to _____ a cavity in the wall, the builder had to use a more powerful drill.

d) Simon has been running a successful _____ selling microchips around the world.

e) It is easy to grow _____ plants if you follow the advice provided by the garden centre.

f) The flight was delayed, _____ due to an imminent hurricane.

g) Increasingly, more and more _____ are becoming resistant to antibiotics.

h) Cassim was very _____ and wrote a letter to the company complaining about the quality of their products.

i) _____ race is a popular sport in our school.

j) There was an advertisement in today's newspaper for a senior post as a _____ in the city's museum.

3. Find the ten words from Task 1 in the word search:

V	L	O	R	Q	B	E	D	K
D	E	C	I	D	U	O	U	S
N	Q	C	E	G	S	B	U	W
A	U	L	B	T	I	T	U	P
T	I	H	Z	I	N	P	P	D
U	V	M	W	O	E	Y	K	P
R	A	J	D	X	S	B	U	E
A	L	L	A	B	S	I	N	R
L	E	K	Q	Y	H	L	U	F
I	N	L	E	P	E	K	M	O
S	T	X	X	O	A	K	N	R
T	F	U	W	B	P	B	D	A
C	L	L	P	S	P	H	K	T
V	O	B	S	T	A	C	L	E
T	Q	A	F	R	R	W	Y	Y
Z	D	C	Y	U	E	E	F	F
N	D	T	T	C	N	K	E	G
P	F	E	W	T	T	I	J	K
U	R	R	B	F	L	Y	P	Z
M	F	I	G	F	Y	D	O	V
R	J	A	X	L	R	G	D	U
B	M	B	B	R	U	B	B	A
B	Q	L	R	M	H	T	Q	L
I	N	D	I	G	N	A	N	T
R	Q	G	E	R	T	D	V	X

EXERCISE 31

1. Using a dictionary, learn the meaning of these words:

superstitious   correspondence   successor   mongrel   monotonous

association   commentary   commentator   allergic   asthma

2. Choose the most appropriate word from Task 1 to complete the following sentences:

a) Everybody was falling asleep during his speech as his voice was very _____.

b) This year, the school fair will be sponsored by the local business _____.

c) Dr. Van explained to Fred that his recent _____ attack could have been triggered by the high traffic pollution in this area.

d) It was a surprise to see that the _____ had won the annual dog show for good behaviour.

e) Gary, the _____, shouted, screamed and danced when his team scored a goal during the last phase of the game.

f) Harold is planning to do an online survey on _____ beliefs among university students.

g) You should wash your hands thoroughly after handling this plant, otherwise you could get a severe _____ reaction.

h) When he returned to his office after the summer holidays, Graham had a lot of _____ to deal with.

i) When he resigned from his job as Prime Minister, there was a long discussion about who would be a suitable _____.

j) Lionel was listening to an audio _____ on this year's bestseller.

3. Find the ten words from Task 1 in the word search:

C	D	C	J	D	D	G	S	K
Z	C	O	O	M	O	V	U	W
J	O	M	Q	H	T	Y	P	S
O	R	M	P	G	A	C	E	A
J	R	E	H	Q	L	O	R	W
J	E	N	G	Y	L	K	S	T
P	S	T	P	I	E	J	T	A
X	P	A	E	A	R	Q	I	N
A	O	R	E	G	G	V	T	P
N	N	Y	T	L	I	S	I	S
K	D	K	Z	Y	C	P	O	Q
L	E	I	Q	C	C	C	U	S
B	N	M	Q	O	E	C	S	S
A	C	R	E	M	L	H	S	T
S	E	A	K	M	W	H	M	B
S	U	C	C	E	S	S	O	R
O	I	M	E	N	M	L	N	P
C	F	O	B	T	L	H	O	R
I	L	N	A	A	J	Z	T	J
A	K	G	C	T	P	Y	O	B
T	H	R	D	O	M	A	N	D
I	U	E	S	R	A	C	O	C
O	E	L	I	C	G	N	U	V
N	T	K	K	H	H	B	S	O
E	V	C	A	S	T	H	M	A

EXERCISE 32

1. Using a dictionary, learn the meaning of these words:

surgeon   physician   infectious   hygiene   appendicitis

pavilion   ceremony   assemble   department   accommodation

2. Choose the most appropriate word from Task 1 to complete the following sentences:

a) The chief scientific advisor warned the public that the virus was highly _____ and drastic measures would need to be implemented.

b) An annual religious _____ will now be held to remember the soldiers who lost their lives during the Second World War.

c) During an inspection, the environmental officer was forced to close this famous Michelin Star restaurant because of extremely poor _____.

d) Hotel Taz provides excellent _____ at a reasonable price, offering spectacular views of nearby waterfalls.

e) Sadly, this historic _____ will now have to be demolished as it was not safe.

f) Mr. Farouk, the famous _____, is now using robots to assist him with cardiac surgery.

g) Although the instruction provided was ambiguous, Steve eventually managed to _____ the computer.

h) The headline on the newspaper was 'Time is a great _____'.

i) The finance _____ is located on the tenth floor.

j) Abdominal pain that increasingly becomes more severe could be a sign of _____.

3. Find the ten words from Task 1 in the word search:

R	I	A	J	N	M	D	R	O
Q	N	P	X	P	C	E	L	I
E	P	P	G	H	R	P	J	S
O	H	E	G	K	V	A	R	A
U	Y	N	O	U	C	R	H	C
S	S	D	P	P	M	T	K	C
I	I	I	G	A	K	M	Y	O
N	C	C	T	V	I	E	H	M
F	I	I	K	I	L	N	K	M
E	A	T	N	L	B	T	P	O
C	N	I	F	I	X	D	A	D
T	E	S	K	O	P	R	K	A
I	L	K	U	N	S	D	N	T
O	H	J	E	C	D	D	N	I
U	Y	G	M	U	W	M	L	O
S	G	S	U	R	G	E	O	N
I	I	H	M	J	I	I	J	K
O	E	B	Q	B	P	Z	G	A
J	N	H	R	Q	R	H	R	W
Q	E	Y	T	F	O	Q	D	G
M	A	S	S	E	M	B	L	E
C	E	R	E	M	O	N	Y	J
R	E	X	K	Q	D	C	I	E
J	X	W	L	C	A	C	Y	Q
Z	I	T	E	B	M	V	C	S

EXERCISE 33

1. Using a dictionary, learn the meaning of these words:

shrivelled   withered   calculation   courageous   connection

museum   rescue   welfare   pitiful   suggestion

2. Choose the most appropriate word from Task 1 to complete the following sentences:

a) As far as we can establish, this is the only _____ in the world that contains a huge collection of this type of jars.

b) Using a powerful computer, the space scientist was able to solve a complex _____ which worked out how to a land a satellite on Uranus.

c) His _____ to construct a bridge between these two towns was taken on board.

d) The Chief Executive Officer's response to the employees requesting a pay rise was _____.

e) Scientists have found a _____ between pulmonary disease and pollution.

f) All the neighbours came to the _____ of Oreo, the kitten, who was stuck in the tree.

g) Heston has deliberately _____ the Brussel sprouts to put them in the ice-cream.

h) The government announced that they will review the _____ system as it was underfunded.

i) The soldier won several medals because he was _____ in saving many people's lives.

j) Sadly, all of Ralph's flowers _____ as he forgot to water them during the hot summer.

3. Find the ten words from Task 1 in the word search:

A	G	G	R	X	Y	O	C	I
B	W	I	T	H	E	R	E	D
R	V	C	B	A	Y	M	I	L
X	Q	A	F	S	X	V	M	S
R	F	L	V	T	F	E	R	H
L	W	C	K	R	S	C	R	R
H	M	U	S	E	U	M	K	I
A	D	L	H	S	G	P	C	V
L	P	A	V	C	G	V	L	E
T	W	T	Z	U	E	M	M	L
A	C	I	D	E	S	U	N	L
H	O	O	E	U	T	G	H	E
K	N	N	A	O	I	B	A	D
C	N	N	T	A	O	L	M	G
O	E	K	Q	V	N	W	R	R
U	C	K	M	F	Z	B	B	T
R	T	B	X	N	M	V	T	D
A	I	F	S	O	V	Z	J	W
G	O	L	G	B	V	C	P	C
E	N	E	L	A	H	B	J	J
O	N	V	V	Q	P	X	X	O
U	W	E	L	F	A	R	E	P
S	M	U	B	C	C	S	C	G
U	Y	P	I	T	I	F	U	L
M	K	E	I	B	F	C	G	S

69

EXERCISE 34

1. Using a dictionary, learn the meaning of these words:

personal	liberal	festival	removal	criminal

declare	decrease	decline	determine	determination

2. Choose the most appropriate word from Task 1 to complete the following sentences:

a) Gas _____ technologies might help in the reduction of carbon emissions.

b) The scientists reported that as a result of the _____ in cases of people infected with the Covid-19 virus, restrictions could now be lifted.

c) The football manager was disappointed with his team's heavy loss and told his players that they would need to demonstrate more _____ in their next game.

d) The historian admitted that he was expressing a _____ opinion and it was not based on evidence.

e) The lawyer had to update himself further because of the recent changes in _____ law.

f) Sadly, the greatest musical _____ had to be cancelled because of lockdown.

g) There has been a steady _____ in the sales of petrol and diesel vehicles since the taxes for these types of fuel have been increasing.

h) In his autobiography, the artist recalled how being _____ in his views enabled him to be more adventurous in his paintings.

i) "Do you have anything to _____?" the Custom Officer asked the passengers.

j) The speed camera on the motorway was able to _____ exactly the speed the car was travelling at.

3. Find the ten words from Task 1 in the word search:

N	P	E	R	S	O	N	A	L
N	Q	S	I	Z	X	X	M	P
S	Z	C	R	O	M	S	W	U
L	I	B	E	R	A	L	O	K
Q	N	E	X	Y	V	Z	W	O
H	F	S	J	W	C	W	J	E
F	E	S	T	I	V	A	L	D
B	R	O	A	Q	W	V	O	E
D	E	T	E	R	M	I	N	T
K	Q	T	K	I	L	L	N	E
P	D	A	C	D	P	L	P	R
R	E	M	O	V	A	L	W	M
S	C	K	Y	T	M	R	F	I
Y	L	E	B	D	L	S	I	N
Y	I	T	B	G	X	K	Z	A
B	N	G	R	B	S	W	A	T
A	E	Z	N	E	X	N	A	I
C	R	I	M	I	N	A	L	O
O	L	M	W	K	M	C	Q	N
C	X	I	E	W	K	B	E	C
V	D	E	C	L	A	R	E	R
D	E	C	R	E	A	S	E	C
L	G	I	B	L	Y	W	B	C
K	V	Z	F	E	O	U	F	Q
P	V	G	B	J	M	Z	O	Z

EXERCISE 35

1. Using a dictionary, learn the meaning of these words:

portion	proportion	production	protection	introduction
fund	minor	major	majority	traitor

2. Choose the most appropriate word from Task 1 to complete the following sentences:

a) The captain was surprised to find out that the _____ he set up had raised over a trillion pounds.

b) John is saving a small _____ of his salary to pay for his university fees.

c) The teacher reminded the class that it is important to gain your reader's attention in your _____.

d) The label reads that this coat is made of a special material that offers _____ against sub-zero temperatures.

e) Several historians believe that Moira was a _____.

f) The full story of the report in the newspaper contained a few _____ errors.

g) The survey shows that the _____ of the residents objected to a telephone mast being erected in this area.

h) The _____ of water should always be twice the amount of rice in order to cook the rice perfectly.

i) All the members of this horticultural society were present as a _____ decision needed to be taken.

j) We watched an interesting television programme on the _____ of chocolates.

3. Find the ten words from Task 1 in the word search:

M	P	O	R	T	I	O	N	T
W	R	Z	E	M	V	X	G	T
K	O	Y	I	U	S	B	X	L
Q	P	U	N	O	D	R	E	Y
U	O	K	T	F	F	U	N	D
X	R	C	R	H	H	A	V	U
Z	T	N	O	M	I	N	O	R
S	I	P	D	A	I	E	D	I
W	O	R	U	J	O	A	H	U
V	N	O	C	O	V	W	Z	P
Q	V	T	T	R	T	J	R	R
Y	B	E	I	L	P	T	H	M
P	Q	C	O	V	O	R	D	U
R	M	T	N	B	S	A	Z	M
O	Z	I	Y	X	R	I	I	R
D	S	O	A	G	V	T	Z	U
U	W	N	G	M	P	O	U	M
C	W	W	Y	C	E	R	E	A
T	E	Y	R	L	I	Z	X	J
I	R	V	B	V	D	W	J	O
O	G	X	F	A	E	T	L	R
N	N	Y	S	Z	C	U	Q	I
Z	J	I	P	E	V	Y	K	T
N	P	T	C	N	W	M	D	Y
V	J	B	M	K	K	Z	E	E

EXERCISE 36

1. Using a dictionary, learn the meaning of these words:

great	Greece	engineer	pioneer	career
accurate	accuse	accustomed	announce	addition

2. Choose the most appropriate word from Task 1 to complete the following sentences:

a) Climate scientists are warning that people will need to become _____ to extreme changes in the weather.

b) Moussaka is the national dish of _____.

c) The plumber uses a laser tape to obtain an _____ measurement of how the pipes are to be cut.

d) As an _____, Albert was able to solve this mathematical puzzle quickly.

e) To _____ the launch of this new cereal, the supermarket sent an e-mail to their loyal customers.

f) The lift took us to the top of the skyscraper where we had a _____ view of the city.

g) Malcolm had a long _____ as a teacher before his retirement.

h) In _____ to being a famous chess grandmaster, he was also a neurosurgeon.

i) When the new policy was introduced, the opposition party was quick to _____ the government of not caring for the environment.

j) Yuri is acknowledged as a _____ of space exploration.

3. Find the ten words from Task 1 in the word search:

D	B	O	H	U	R	H	P	I
K	B	A	G	R	E	A	T	Y
I	U	J	R	X	N	E	D	A
H	Z	R	E	P	G	T	Y	N
I	F	P	E	I	I	M	Y	N
I	E	R	C	G	N	J	Y	O
Z	K	U	E	O	E	Y	J	U
P	I	O	N	E	E	R	N	N
I	F	N	P	N	R	T	Y	C
U	K	N	A	E	B	Q	Z	E
P	I	N	C	F	X	Y	B	Y
J	N	J	C	U	X	N	S	J
P	Q	K	U	W	C	A	R	Q
C	Z	M	S	Y	L	N	B	H
V	J	Z	T	J	D	J	A	W
Z	C	A	O	X	T	F	C	F
H	T	P	M	I	M	P	C	C
S	X	Y	E	V	Z	Z	U	A
V	L	I	D	K	U	G	S	R
A	C	C	U	R	A	T	E	E
Z	P	G	U	X	J	E	T	E
K	K	Z	A	G	U	J	I	R
E	A	Z	M	R	D	K	Z	G
A	D	D	I	T	I	O	N	X
Y	P	U	N	O	G	G	C	T

EXERCISE 37

1. Using a dictionary, learn the meaning of these words:

instruct	insult	insert	injure	keen
ghost	skeleton	cushion	injury	income

2. Choose the most appropriate word from Task 1 to complete the following sentences:

a) In order not to _____ yourself, you should use a pair of scissors instead of a knife when opening this box.

b) This _____ story is interesting and full of suspense.

c) _____ the cable in socket Z to start the computer.

d) The senior astronaut will _____ the command pilot how to use the equipment on the module.

e) A large proportion of our _____ is being spent on food.

f) His friend thought that the text he sent was an _____ not a joke.

g) As Auntie Queenie hates internet banking, she is now keeping her money under a _____.

h) Using carbon dating, the archaeologist was able to establish that the _____ found in the building site was about fifty thousand years old.

i) Steven, the captain of Rovers, will miss the final as he sustained an ankle _____ during the training sessions.

j) Although Danny is working as a doctor, he also has a very _____ interest in horticulture.

3. Find the ten words from Task 1 in the word search:

A	R	I	C	C	Y	Q	I	R
N	I	N	S	T	R	U	C	T
O	N	S	G	Z	C	D	K	Q
H	S	E	Y	W	K	E	E	N
B	U	R	A	O	W	R	V	D
L	L	T	H	D	W	X	L	O
G	T	O	B	F	P	M	F	E
G	W	J	A	V	E	T	Y	O
H	I	C	U	S	H	I	O	N
O	X	Q	D	M	E	N	S	B
S	D	S	T	V	T	C	P	K
T	O	H	V	G	X	O	Z	H
X	I	X	B	T	J	M	R	S
L	A	M	P	T	U	E	E	T
L	P	M	R	D	Y	F	Z	O
V	L	W	G	F	N	E	A	Q
S	K	E	L	E	T	O	N	S
C	F	P	V	Z	C	G	T	W
X	Q	E	F	M	Z	S	M	N
J	X	U	Q	C	D	Y	Y	I
D	O	E	F	X	J	J	F	U
I	F	S	I	N	J	U	R	E
I	N	J	U	R	Y	M	K	H
S	T	U	O	P	K	Q	X	N
K	I	X	E	K	A	E	T	F

EXERCISE 38

1. Using a dictionary, learn the meaning of these words:

hesitate   delicate   candidate   certificate   navigate

continent   fragments   regiment   experiment   cement

2. Choose the most appropriate word from Task 1 to complete the following sentences:

a) Each _____ will need to do a power point presentation on the effects of global warming for the interview panel.

b) The satellite is made of a special material that will break up into small _____ before it reaches the stratosphere.

c) The builder calculated that it would be more expensive to use a concrete mixer rather than mixing _____, gravel and water manually.

d) The wedding dress was made of _____ silk fabric and was beautifully embroidered with silk threads.

e) After the war, Jayaram was honoured for his service to his _____ and country.

f) Do not _____ to contact Mr. Bean if you require further information on this project.

g) This electric car company is intending to extend its business on the Asian _____.

h) The Dumbo Airlines were not able to advise the passengers how to obtain a digital Covid-19 vaccination _____.

i) Pumpkin computers had excellent reviews mainly because they are powerful, user-friendly and very easy to _____.

j) The pupils in the class conducted a chemistry _____.

3. Find the ten words from Task 1 in the word search:

R	S	P	T	Q	P	G	U	E
V	C	Z	E	F	C	F	T	D
H	E	S	I	T	A	T	E	E
D	R	E	F	T	N	H	K	L
E	T	U	R	Y	D	U	S	I
X	I	D	A	W	I	L	C	C
P	F	J	G	Z	D	D	I	A
E	I	D	M	U	A	A	X	T
R	C	W	E	X	T	V	H	E
I	A	H	N	D	E	A	U	W
M	T	H	T	I	H	C	V	J
E	E	F	S	Z	W	J	L	M
N	V	V	H	G	A	M	H	C
T	J	W	T	B	M	R	L	O
C	O	N	T	I	N	E	N	T
K	I	W	R	D	X	G	Y	H
T	L	V	C	M	G	I	E	L
U	X	H	X	A	M	M	Y	K
D	S	F	J	W	F	E	I	F
I	A	T	M	C	A	N	C	X
M	C	E	M	E	N	T	A	E
N	H	X	M	T	U	J	T	L
S	Q	N	V	M	H	L	K	T
N	A	V	I	G	A	T	E	F
O	H	H	M	G	H	B	I	I

EXERCISE 39

1. Using a dictionary, learn the meaning of these words:

stage   garage   average   discourage   baggage

debate   student   confident   camera   remedy

2. Choose the most appropriate word from Task 1 to complete the following sentences:

a) The teacher emailed the _____ reminding him that the deadline for this essay is the last day of the month.

b) Do you know the _____ food consumption of an adult lion in a day?

c) Andreas took an amazing photograph of the cat on his smartphone _____.

d) The actor admitted that he is usually nervous before he goes on _____.

e) Ron allowed his car engine to deteriorate so much that it is now beyond _____.

f) Flo, the birdwatcher, has devised a new bird feeder to _____ squirrels from eating the bird seeds in her garden.

g) Ronald is now more _____ to hold a conversation in Mandarin since he has mastered the grammar and spelling of this language.

h) We were all amazed how Jerry was able to park his car in this small _____ using the park-assist system.

i) For security reasons, all the _____ will be X-rayed before they are taken on the planes.

j) As he prepared for this important _____, Sri was given some helpful tips from his classmates.

3. Find the ten words from Task 1 in the word search:

C	Y	Z	B	Q	A	U	P	B
M	A	C	D	G	W	H	E	A
V	V	L	E	F	W	C	V	G
S	E	I	B	S	C	T	F	A
M	R	C	A	Y	O	P	U	R
K	A	Y	T	S	N	S	E	A
X	G	E	E	W	F	M	L	G
O	E	X	I	B	I	T	I	E
S	B	S	T	U	D	E	N	T
T	V	O	J	O	E	Q	S	X
M	W	W	H	U	N	W	S	F
Q	I	Y	L	E	T	U	O	U
D	G	F	Q	V	B	N	A	B
I	N	C	A	M	E	R	A	F
S	L	J	G	G	Z	Z	Q	O
C	Z	V	P	I	R	E	L	V
O	S	J	D	R	U	R	Q	P
U	B	A	G	G	A	G	E	I
R	N	C	X	K	V	Y	S	K
A	H	X	K	Q	C	J	T	X
G	V	X	H	U	S	S	R	I
E	C	C	R	E	M	E	D	Y
W	N	I	A	N	O	K	X	M
V	O	H	V	Y	S	S	B	M
E	B	G	S	T	A	G	E	I

EXERCISE 40

1. Using a dictionary, learn the meaning of these words:

treaty	treatment	ornament	culture	instrument
prominent	lecture	agriculture	temperate	temperature

2. Choose the most appropriate word from Task 1 to complete the following sentences:

a) Pablo's painting was hung in a _____ position in the art gallery.

b) The hotel manager pointed out that the beautiful lemon tree in the lounge was grown as an _____ only.

c) The climate scientists are concerned about the impact of the increasing rise in the global _____.

d) Within a year, several medications have been approved for the _____ of Covid-19.

e) The university announced that Professor Frank's _____ on the impact of artificial intelligence will be online.

f) Ideally, we would like to spend our December holiday in a country that is located in a _____ zone.

g) The writer wrote in his prologue that the story in this book was heavily influenced by the African _____.

h) The diplomats of the two countries eventually signed the _____ after several days of discussion.

i) The surgeon gave a demonstration to the medical students how the _____ is to be used.

j) The minister made a statement that more money will now be invested in _____.

3. Find the ten words from Task 1 in the word search:

S	B	D	D	V	B	I	Q	X
V	D	R	D	S	G	Z	R	Y
U	P	E	G	G	P	I	T	Z
O	R	N	A	M	E	N	T	L
C	O	S	Z	K	G	S	R	W
U	M	F	N	T	D	T	E	R
L	I	H	Q	E	Z	R	A	J
T	N	R	K	M	R	U	T	Y
U	E	X	K	P	R	M	M	C
R	N	V	A	E	T	E	E	S
E	T	C	G	R	E	N	N	V
Z	L	E	R	A	M	T	T	T
Q	I	A	I	T	P	E	J	R
U	K	O	C	E	E	F	C	E
E	D	J	U	Q	R	W	M	A
Q	P	A	L	X	A	E	D	T
S	N	A	T	M	T	G	T	Y
H	T	D	U	K	U	D	U	P
J	N	R	R	Q	R	B	M	O
R	O	F	E	T	E	F	E	W
V	O	C	U	F	O	F	X	G
V	K	K	V	X	F	H	K	Q
E	C	X	P	K	A	C	L	X
Z	R	D	A	Z	E	Y	U	N
L	E	C	T	U	R	E	K	J

EXERCISE 41

1. Using a dictionary, learn the meaning of these words:

puncture	nervous	prosperous	tremendous	ridiculous
jealous	recent	recently	volcano	couch

2. Choose the most appropriate word from Task 1 to complete the following sentences:

a) As someone who has never played tennis before, she demonstrated _____ talent and will undoubtedly be a future tennis star.

b) The _____ suddenly erupted covering the whole island in dust and causing massive waves in the ocean.

c) Until _____, there was a tall building on this site.

d) The driver of bus 112 told the passengers that he is unable to continue the journey as one of the tyres has sustained a _____.

e) "You look absolutely _____ in these yellow trousers", exclaimed Ted.

f) _____ advances in technology have made it possible to assemble a powerful telescope about one million kilometres from planet Earth.

g) His neighbours were _____ of his immense wealth.

h) As the Chief Executive Officer of the Gulab Company could not have a New Year party due to Covid restrictions, instead he sent an e-card to all his staff wishing them a happy and _____ Tiger new year.

i) The nurse assisted the injured patient as he had to lie down carefully on the _____.

j) The players were rather _____ at the start of the game.

3. **Find the ten words from Task 1 in the word search:**

D	F	T	N	T	S	V	Y	O
P	Z	Z	E	Q	W	V	B	M
R	N	E	R	V	O	U	S	J
O	Z	I	U	X	Q	O	W	J
S	C	C	L	V	T	R	L	V
P	W	C	I	C	C	I	S	C
E	F	O	N	P	M	D	K	D
R	C	U	P	U	S	I	P	B
O	R	C	H	N	F	C	B	X
U	F	H	W	C	U	U	E	P
S	H	S	S	T	U	L	A	T
U	T	E	Z	U	Z	O	H	P
I	R	C	G	R	N	U	C	S
E	E	H	I	E	J	S	F	D
N	M	J	E	A	L	O	U	S
V	E	R	I	F	T	F	A	T
J	N	R	Q	J	M	C	A	B
A	D	X	R	E	C	E	N	T
P	O	M	I	T	B	A	T	Z
L	U	E	A	J	Z	W	R	S
Y	S	H	R	Z	U	Q	S	A
Y	K	V	O	L	C	A	N	O
R	E	C	E	N	T	L	Y	P
J	F	X	H	T	R	F	H	M
G	K	R	C	P	B	P	G	B

EXERCISE 42

1. Using a dictionary, learn the meaning of these words:

route   sensible   responsible   visible   invisible

rifle   ignorant   ignorance   abundance   attendance

2. Choose the most appropriate word from Task 1 to complete the following sentences:

a) Planet Mars will be _____ tonight.

b) The _____ of the politicians on the plight of the refugees was profoundly apparent.

c) During the parade, we noticed that the commander was the only soldier not carrying a _____.

d) There was a note on the door of the conference room stating that _____ to this event was by invitation only.

e) Everybody wanted to know who was _____ for this terrible mess at this birthday party.

f) At the wedding reception, there was an _____ of delicious meals and plenty of drinks.

g) The road ahead was closed and the navigation system in our car was not able to work out an alternative _____.

h) Viruses are often called the _____ enemy and can only be seen using a powerful electron microscope.

i) Micah made a sensible _____ not to drive when it had been snowing heavily and the roads were very icy.

j) Although he has visited this country several times, he was however totally _____ of its history and culture.

3. Find the ten words from Task 1 in the word search:

Z	U	D	T	J	Q	H	W	O
B	B	H	C	D	T	R	X	I
J	R	I	F	L	E	O	H	D
G	E	R	X	D	W	U	X	K
Z	Z	L	P	A	A	T	J	G
Y	C	G	J	J	V	E	T	O
S	E	N	S	I	B	L	E	E
A	Z	G	I	Z	N	A	X	P
T	I	V	I	S	I	B	L	E
T	N	F	G	O	P	U	K	V
E	V	N	N	T	L	N	C	K
N	I	V	O	D	R	D	C	W
D	S	L	R	B	B	A	J	N
A	I	R	A	Y	O	N	N	R
N	B	I	N	G	S	C	N	E
C	L	P	C	F	T	E	T	S
E	E	K	E	A	M	E	H	P
O	Y	H	I	G	Z	O	R	O
I	G	N	O	R	A	N	T	N
L	T	F	O	J	C	I	J	S
P	R	M	H	O	M	H	D	I
N	H	I	U	K	F	B	N	B
V	A	H	R	H	M	R	X	L
O	Y	U	E	H	P	V	S	E
J	Y	G	A	X	H	T	G	T

EXERCISE 43

1. Using a dictionary, learn the meaning of these words:

appearance	ceiling	perceive	deceit	deceitful

earthquake	hatred	sacred	witch	wretched

2. Choose the most appropriate word from Task 1 to complete the following sentences:

a) The philanthropist will donate a large sum of money to the victims of this _____.

b) Nick has to use a tall ladder to repair the hole in the _____.

c) The politician had to resign when he was accused of lying and _____.

d) The tourist was politely asked by the guide to remove his cap when he entered this _____ place.

e) George confirmed that he did not have any _____ of foreigners.

f) The people working in this office look very casual in their _____.

g) The author of this fairy tale story described the _____ as grotesque in her appearance.

h) Rita told her doctor that since she had Covid-19, she has been feeling rather _____ in the afternoons.

i) It seems that Rees, the cat, was able to _____ the sound emitted by the ultrasonic device.

j) Rafique was annoyed with the council's report as it was _____ and it was not based on facts.

3. Find the ten words from Task 1 in the word search:

P	C	E	I	L	I	N	G	H
A	J	Y	D	F	P	T	A	X
A	D	E	C	E	I	T	P	C
N	E	A	A	A	X	Z	P	U
P	C	M	U	R	G	B	E	C
E	E	D	Z	T	L	B	A	D
R	I	E	H	H	V	D	R	S
C	T	G	A	Q	F	W	A	N
E	F	R	V	U	O	J	N	I
I	U	Q	C	A	A	Y	C	G
V	L	B	P	K	Z	J	E	I
E	B	C	D	E	D	B	W	I
D	G	B	A	C	N	S	B	F
B	S	G	H	K	J	L	R	T
I	N	W	S	P	T	H	Y	R
K	W	I	F	A	P	W	R	D
U	B	T	H	A	T	R	E	D
S	A	C	R	E	D	E	W	A
I	C	H	M	J	X	T	S	Y
S	H	K	A	C	C	C	Y	N
T	O	T	G	S	N	H	K	T
B	S	J	H	C	I	E	H	L
U	B	K	L	F	F	D	Y	K
E	R	U	C	W	P	C	C	W
V	J	H	V	R	W	W	K	F

EXERCISE 44

1. Using a dictionary, learn the meaning of these words:

wrinkles   telescope   national   conversation   television

cathedral   consideration   kilogramme   principal   pain

2. Choose the most appropriate word from Task 1 to complete the following sentences:

a) Jacob wrote the following words at the end of his letter: "I would appreciate it if you could this matter further _____ ".

b) My grandfather enjoys watching his favourite _____ programmes in the evening.

c) The astronomer had to refocus his _____ several times to get a better view of Saturn.

d) The chef said that the _____ ingredients of this soup were stock and vegetables.

e) The teacher wanted his pupils to convert a _____ and a half into pounds, without using a calculator.

f) To establish if there was any _____ in the fingers, he gently squeezed the patient's fingers.

g) The _____ which was built about 1000 years ago is the oldest building in this city.

h) The chemist was now advertising a new cream that could reduce _____.

i) During the lockdown, the only way he could have a _____ with his parents who live on the other side of the world, was to use the internet.

j) The band had to practise the _____ anthems of different countries who are participating in the football World Cup.

3. **Find the ten words from Task 1 in the word search:**

W	R	I	N	K	L	E	S	A
C	G	K	A	C	Q	G	R	T
O	T	T	T	K	L	C	V	E
N	E	C	I	T	C	O	M	L
V	L	K	O	N	A	N	C	E
E	E	R	N	Q	T	S	O	S
R	V	S	A	C	H	I	N	C
S	I	T	L	K	E	D	F	O
A	S	S	S	Y	D	E	H	P
T	I	L	I	A	R	R	E	E
I	O	V	P	C	A	A	F	U
O	N	F	R	K	L	T	S	Q
N	U	G	I	W	S	I	O	A
U	X	K	N	I	M	O	N	M
H	N	I	C	L	Y	N	B	J
Q	G	L	I	A	P	T	L	A
K	B	O	P	N	A	M	Y	Y
U	J	G	A	L	Z	Z	X	K
M	H	R	L	Y	H	J	K	E
T	O	A	I	U	P	A	I	N
G	E	M	F	V	L	A	S	S
Q	S	M	W	D	S	A	A	A
C	A	E	K	M	T	Q	R	I
U	V	F	S	E	Z	O	H	D
B	W	J	Y	Y	L	D	I	Y

EXERCISE 45

1. Using a dictionary, learn the meaning of these words:

photograph	punctual	combination	physical	continually
ventilation	phrase	fatal	section	intention

2. Choose the most appropriate word from Task 1 to complete the following sentences:

a) The teacher asked the class "What is the difference between a clause and a _____ ?".

b) To everybody's amazement, the magician was able to work the _____ number of the safe in seconds.

c) The plumber fixed the bathroom tap which was _____ dripping.

d) Tim, the astronaut, took an amazing _____ of planet Earth.

e) Our journey took longer than we anticipated as we had to make a detour because a _____ of the motorway was closed.

f) My _____ is to run one mile every morning so that I can compete in the marathon next year.

g) The scientist explained how good _____ can reduce the spread of the virus.

h) The headmaster informed us that we have to be _____ for the English comprehension examination, otherwise we will not be allowed in the examination room.

i) Thanks to major advances in science, many _____ diseases can now be treated with good outcomes.

j) The referee showed Gary a red card as he was too _____ when he tackled the striker.

3. Find the ten words from Task 1 in the word search:

W	U	B	P	C	E	N	V	A
J	P	B	Z	O	E	V	U	C
Q	H	F	P	N	D	E	L	O
P	O	A	V	T	Z	N	P	M
M	T	T	J	I	S	T	C	B
C	O	A	Z	N	Y	I	B	I
X	G	L	G	U	U	L	R	N
P	R	Y	G	A	U	A	L	A
P	A	Q	J	L	F	T	H	T
U	P	J	G	L	A	I	B	I
N	H	K	F	Y	H	O	H	O
C	B	Y	M	E	D	N	G	N
T	U	Y	P	H	R	A	S	E
U	Z	O	L	L	S	E	O	W
A	P	H	Y	S	I	C	A	L
L	G	A	Y	J	A	O	S	L
Q	H	H	O	W	L	D	P	I
D	S	E	C	T	I	O	N	N
F	I	U	D	G	V	C	Y	T
V	G	J	S	N	Y	D	G	E
B	D	W	J	T	R	I	D	N
G	R	K	W	I	Z	Y	E	T
O	I	I	C	G	J	I	K	I
A	H	K	O	Q	I	V	Z	O
S	L	P	A	N	W	X	L	N

EXERCISE 46

1. **Using a dictionary, learn the meaning of these words:**

choir	athletic	vacant	insurance	domestic
tenant	fragrant	heroic	tyrant	assistance

2. **Choose the most appropriate word from Task 1 to complete the following sentences:**

a) The _____ was given a contract that stipulated that one of the conditions to stay in this mansion was to keep it tidy and clean.

b) The scent in his garden is amazing since Auntie Lilly has grown several _____ flowers.

c) The school _____ will be giving recital next week which will be shown on BBC television.

d) The government will now offer financial _____ to the residents of this village whose houses were seriously damaged during the flooding.

e) As it was snowing heavily, the _____ competition had to be abandoned.

f) The people were successful in organising a rebellion against the president who had been acting as a _____.

g) He admitted that he hated _____ work and that was why his house was untidy and dirty.

h) Tom was awarded several medals because of his _____ acts during the war.

i) The air stewardess pointed out that seat 30 was _____.

j) Huw said that his car _____ policy had now gone up.

3. Find the ten words from Task 1 in the word search:

A	J	V	W	C	H	O	I	R
T	F	S	I	R	G	B	S	L
H	L	G	N	P	A	G	K	G
L	D	I	S	A	S	W	C	S
E	V	S	U	X	S	I	O	H
T	A	E	R	K	I	R	S	I
I	C	I	A	O	S	Q	X	B
C	A	H	N	A	T	U	Y	F
G	N	H	C	Q	A	F	B	R
P	T	Z	E	Y	N	F	M	A
H	Y	A	K	G	C	K	M	G
U	S	A	H	C	E	B	L	R
K	T	G	T	N	P	F	H	A
D	O	M	E	S	T	I	C	N
G	Z	A	N	I	F	J	X	T
U	V	Q	A	M	O	G	Z	B
U	N	O	N	Q	T	I	V	N
R	F	I	T	F	I	C	G	K
O	Y	F	V	E	M	U	G	U
H	E	R	O	I	C	J	K	J
V	E	T	Y	R	A	N	T	D
C	T	H	H	T	F	P	J	O
E	A	I	F	U	E	H	X	V
R	O	R	F	I	U	V	K	G
Q	B	C	B	N	E	Q	W	D

EXERCISE 47

1. Using a dictionary, learn the meaning of these words:

majestic	elegant	remembrance	tropics	extravagant
circumstance	item	ideal	pilot	pistol

2. Choose the most appropriate word from Task 1 to complete the following sentences:

a) The president was welcomed with pomp and _____ when his plane landed at the airport.

b) Jackfruit, mangoes, lychees and lemons grow very well in the _____.

c) A two-minute silence was observed during the _____ service for the brave soldiers who lost their lives during the Second World War.

d) The soldiers have to practise hitting the target with a water _____.

e) Using a powerful telescope, the _____ Aurora Borealis became very visible.

f) I did not like the way the comedians were dressed as the costumes were too _____.

g) It was warm and sunny - the _____ weather to go for a long walk in the countryside.

h) The _____ made an announcement on the tannoy confirming that the plane would be arriving at its destination on schedule.

i) The cat walked across in the garden very slowly and in an _____ way.

j) The shopkeeper has to stick a barcode on each _____ on the shelves.

3. Find the ten words from Task 1 in the word search:

Y	N	X	D	H	I	U	C	V
E	M	A	J	E	S	T	I	C
L	L	B	W	X	O	R	G	O
E	D	R	Q	T	H	O	B	D
G	I	R	N	R	Y	P	N	D
A	Z	E	X	A	G	I	T	R
N	D	M	W	V	U	C	Q	C
T	N	E	I	A	D	S	E	I
S	L	M	E	G	Z	A	S	R
T	G	B	R	A	S	X	P	C
U	I	R	T	N	P	D	B	U
U	P	A	F	T	I	T	E	M
G	D	N	C	Q	L	Z	V	S
L	H	C	G	A	Y	R	S	T
I	H	E	L	O	N	G	R	A
L	O	S	P	T	I	D	P	N
I	D	E	A	L	L	N	M	C
C	P	I	L	O	T	G	F	E
Y	I	D	I	N	X	Z	U	I
V	J	V	A	U	O	O	D	M
O	Z	B	L	R	L	L	H	S
U	P	I	S	T	O	L	S	A
L	M	F	K	E	X	V	C	T
O	Q	G	A	Y	C	Z	O	S
J	A	C	B	V	M	H	L	U

EXERCISE 48

1. **Using a dictionary, learn the meaning of these words:**

picnic	arithmetic	flood	wooden	pencil
ocean	aunt	saucer	farewell	else

2. **Choose the most appropriate word from Task 1 to complete the following sentences:**

a) The cup and _____ were rare items and were valued at a high price.

b) It has been raining heavily all this week and there were _____ warning signs on the motorway.

c) We took an amazing picture of the sunset on the _____.

d) His colleagues organised a surprise _____ party for his retirement.

e) The _____ bridge on this lake is very old and is a major tourist attraction.

f) We decided to go for a _____ at the seaside as the weather was beautiful.

g) "Who _____ could have left their car keys in the office?" asked the manager.

h) The shopkeeper accurately calculated the total cost of the goods, using mental _____.

i) The author wrote this book in memory of _____ Elsie.

j) The bank stated that the back of the card should not be signed with a _____.

3. Find the ten words from Task 1 in the word search:

H	M	D	Y	X	H	H	V	M
Z	J	O	N	H	O	H	N	P
F	L	B	V	A	F	N	A	F
U	F	M	X	R	O	Y	O	N
F	Z	M	P	I	C	N	I	C
T	Z	U	E	T	E	M	R	A
K	W	T	N	H	A	L	G	C
V	V	I	C	M	N	C	Y	W
W	U	Q	I	E	P	J	L	H
G	F	O	L	T	E	O	I	N
D	G	D	D	I	W	H	R	S
J	K	W	V	C	H	I	X	E
F	L	O	O	D	W	O	K	Z
D	B	O	N	V	K	S	T	U
N	R	D	B	V	Z	I	P	S
U	O	E	R	J	A	U	N	T
U	O	N	Y	I	J	V	J	Y
P	X	C	H	D	D	H	Q	A
J	S	A	U	C	E	R	D	P
R	T	N	J	S	L	T	G	Q
T	C	T	W	F	S	Y	Z	Q
F	A	R	E	W	E	L	L	C
G	O	G	D	Z	A	E	O	W
R	B	P	M	B	O	B	D	E
E	P	F	P	P	I	L	R	P

EXERCISE 49

1. Using a dictionary, learn the meaning of these words:

pony	navy	losing	address	afford
assist	approach	account	regret	regards

2. Choose the most appropriate word from Task 1 to complete the following sentences:

a) The price of houses in this neighbourhood has gone up recently and you need to earn a good salary to _____ a house here.

b) I _____ the amount of money I have spent on this watch.

c) The cart that brought our luggage on top of the mountain was drawn by a _____.

d) Unfortunately, the postman delivered the parcel to the wrong _____.

e) You will locate the museum just before you _____ the roundabout.

f) With _____ to global warming, the report recommends solar and wind power as two effective methods that minimise the effects.

g) Hamid, the IT consultant, will now _____ you in setting up your superfast internet connection.

h) Some supporters of this excellent football team were leaving the stadium before the end of the match as they feared they were _____ this game.

i) The reporter wrote an accurate _____ of this event in his newspaper.

j) He told the driver that he could park his van in front of the house with a dark _____ blue door.

3. **Find the ten words from Task 1 in the word search:**

W	B	S	K	Z	C	K	A	E
Y	C	V	C	L	P	O	N	Y
N	A	V	Y	O	Y	L	H	J
I	D	L	O	S	G	A	K	O
N	D	C	Y	I	G	N	U	O
X	R	K	P	N	R	L	C	G
I	E	B	S	G	T	W	B	P
B	S	A	E	W	M	M	Z	M
V	S	I	A	F	F	O	R	D
E	Y	H	G	X	S	H	E	H
B	A	S	S	I	S	T	G	W
A	C	F	G	M	J	N	R	E
P	C	E	L	W	P	Q	E	V
P	O	H	G	X	B	T	T	E
R	U	Z	U	A	Y	F	B	X
O	N	G	I	Q	E	K	R	D
A	T	E	F	O	G	U	V	K
C	F	X	Z	H	D	S	N	O
H	K	G	R	E	G	A	R	D
Z	J	Y	N	Z	D	F	A	K
Y	R	A	J	U	C	G	E	I
A	G	N	A	Y	G	J	C	F
J	N	T	G	I	Q	L	P	W
G	B	I	X	D	A	V	G	L
B	N	V	R	R	E	L	K	X

EXERCISE 50

1. Using a dictionary, learn the meaning of these words:

retreat   respect   nervously   lawyer   gardener

passenger   drawer   chapter   apply   allow

2. Choose the most appropriate word from Task 1 to complete the following sentences:

a) Amos had to use a screwdriver to open the stiff desk _____.

b) The _____ had to do a lot of research to win this complex case.

c) During the Covid-19 pandemic, hospitals did not _____ patients to have any visitors.

d) The kitten approached the gate _____ before being picked up by her owner.

e) Ben's dog was sitting next to him in the car, on the _____ seat.

f) The _____ house where we stayed was in a beautiful location in the countryside, at the edge of a small village.

g) To improve his vocabulary, he reads at least one _____ from a book every day.

h) You wash the wall first before you _____ the paint.

i) The _____ found a rare gold coin when he was digging the ground.

j) The pupils had great admiration and _____ for the headmaster.

3. Find the ten words from Task 1 in the word search:

F	C	H	F	U	M	A	C	W
G	P	V	X	J	U	G	Z	A
L	N	I	Z	D	N	P	J	R
J	R	E	T	R	E	A	T	E
L	U	R	E	A	C	S	O	V
G	S	J	G	W	D	S	Y	C
A	K	A	G	E	I	E	M	P
R	D	L	E	R	Z	N	V	N
D	V	L	K	N	M	G	X	E
E	Z	O	S	R	F	E	M	R
N	Q	W	T	Y	F	R	C	V
E	C	X	K	D	O	B	N	O
R	I	T	V	B	V	U	J	U
Q	H	A	P	P	L	Y	P	S
K	X	Y	L	W	U	W	A	L
B	Q	C	P	L	H	A	V	Y
C	H	A	P	T	E	R	Z	N
A	R	Y	G	Z	F	V	B	U
K	N	G	L	K	C	O	E	T
M	R	E	S	P	E	C	T	L
P	R	K	C	K	J	M	C	E
V	W	A	C	B	G	A	L	B
U	L	A	W	Y	E	R	S	R
N	J	Y	Q	L	Z	K	S	S
V	N	Y	Q	R	J	V	U	X

ANSWERS

SENTENCE ANSWERS (TASK 2)

1.

a) "Sam was very **thoughtful** this morning", said Mr Smith.
b) Seo-Jun sent his **greetings** to his friends in South Korea.
c) We will be watching a new **production** of Mickey Mouse at the cinema.
d) Fish and chips is a **popular** dish in the United Kingdom.
e) The **shepherds** worked very long hours.
f) In the eighteenth **century**, there were no mobile telephones!
g) The miners had to use **lanterns** to find their way around.
h) Thanks to major advances in technology, Ranjan, who lives in London, was able to communicate to his **family** in Kotte regularly.
i) Using a biscuit, Justin tried to **persuade** his dog, Boris, to stop barking.
j) In order to reduce carbon emissions, Jan reported that cement will no longer be **manufactured** in Poland.

2.

a) Mrs. Abeni, the headmistress, did not give the school children **permission** to use scooters in school grounds.
b) During a power outage in Toronto, Sophia had to use **candles** in her room to finish her homework.
c) Delroy has a huge **collection** of Bob Marley's records.
d) There were several **boats** on River Thames.
e) Winston's garden always looks magnificent in the **spring**.
f) Raheem **quickly** passed the ball to Declan who scored a superb goal.
g) Anand said that he **thoroughly** enjoyed the meals and all the light displays during the Diwali festival.
h) Gordon received a text message from his school to remind him that all library books will need to be **returned** before the Christmas holidays.
i) During the Covid-19 pandemic, scientists and politicians could not **agree** as to whether or not the wearing of face coverings should be made compulsory.
j) Frank was frantically searching the recycling bin as he had inadvertently **thrown** his winning lottery ticket in the bin.

3.

a) Louis drove his car at a **terrific** speed on the highway.
b) My grandmother, Babushka, lives in beautiful **bungalow** in a tiny village near the sea.
c) This museum will be organising a special exhibition displaying various **musical** instruments from around the world.
d) Fujiti could not see the mountain from his flat as his view was obstructed by **massive** buildings.
e) Anand discovered that his local supermarket was making an excellent offer of a free watch if he purchased **multiple** electrical items in one go.

f) The scientists are warning that if we do not take steps to curb carbon emissions, this will result in **serious** consequences for planet earth.
g) Donald is considering whether he should cook a **partridge** for Christmas lunch instead of turkey.
h) Access to the main road near the school will be closed for a fortnight as a **temporary** safety measure.
i) I enjoyed reading Alastair's new book, as it was very **poetic**.
j) Alice said that she had an excellent holiday in Mumbai although the weather was **awful** at times.

4.

a) Ringo was equally proficient in playing both the **guitar** and the ravanahatha.
b) Paul was not happy with the response he received from the shop assistant and demanded to speak to the **manager**.
c) The headteacher announced that next year there will be a special event at the school to mark the hundredth **anniversary** of the opening of the school.
d) Some scientists reckon that if no urgent action is taken, **elephants** will be extinct in a few years' time.
e) Since Mo has been eating baked beans, his **energy** levels have increased tremendously.
f) Vladimir told his pupils not to **abbreviate** words when they write their essays as it can be confusing.
g) Ajay asked Grandma Flo, "What was your **favourite** subject at school?".
h) Shiijan-21 satellite was no longer visible as it suddenly **disappeared** behind a cloud.
i) Jack explained to the tourists that the train station was a few miles **beyond** the small village.
j) Dr. Woo told his patients that it was not **dangerous** to have both the Covid and flu vaccines simultaneously.

5.

a) Paul, the postman, was not able to deliver this parcel as the handwritten **labels** on both sides were not legible.
b) You can have delicious vegetarian **hamburger** at the Mumbai restaurant.
c) Ed disagreed with Zac who believed that everything else was of **secondary** importance, except for the economy.
d) I did not **understand** the question, I therefore asked the teacher to explain it.
e) There were several **beautiful** paintings in the art gallery that recently opened its doors to the public.
f) Bob, the builder, has to use a more powerful **machine** to lift the bricks onto the top of the building.
g) Admission to the zoo is free for **children** who live in this village.
h) Shortness of breath, coughing and a high temperature are **typical** symptoms of Covid-19.
i) There were long queues in the supermarket today **because** people were worried that there would be a food shortage.

j) Mr. Bernie was wondering what was the **function** of this sign that kept appearing on his laptop.

6.

a) Marcus added sixty grammes of **honey** in the dough to give the bread a sweet flavour.

b) Dr. Jolly was **cautious** and did not prescribe any more medication until he had carried out further investigation.

c) This painting by Pablo is **worth** more than all the houses on this road.

d) Joan has placed an online order to Ahmed's takeaway restaurant for two dozen **custard** cupcakes.

e) In order to improve my vocabulary and **spellings**, I read a book every week.

f) Gupta was recommended to join the Century Cricket club by his **friend** Jacob.

g) Hercules, the small Persian cat, has not been seen for the last three days; his owner has put a notice in the local newsagents offering a handsome **reward** for anyone who knows anything about Hercules's whereabouts.

h) This company started as a small business in the valley about a decade ago, but it is now a major **giant** in the field of information technology.

i) Bukayo scored a magnificent goal but unfortunately it was disallowed as his right foot had come into contact with the goalkeeper's **stomach.**

j) Sheila was looking for one more **companion** who was skilled in mountain climbing to join his team for an expedition to climb Mount Everest.

7.

a) Monty was fascinated by the **movement** of a swarm of starlings hovering over his beautiful garden.

b) Ronaldo scored a fantastic goal, but the players of other team disputed the goal. To settle the **argument**, the referee made use of Video Assisted Referee.

c) It is becoming increasingly more difficult for managers to **supervise** their staff who are working remotely.

d) Sung is now writing a book on the **behaviour** of lynx at night-time.

e) When Allegra was visiting the zoo, she was able to spot a **giraffe** from a distance.

f) To obtain good marks for story writing, each **paragraph** should start with a topic sentence, followed by supporting and concluding sentences.

g) Victor did not know which apples to purchase as there were **several** varieties available in this market.

h) We did not buy our Christmas gifts online as the **delivery** charges were more expensive than the gifts.

i) Suddenly there was a loud **growling** noise in the middle of the night which prevented Suresh from sleeping.

j) Scientists are still trying to find an **explanation** of how the universe was formed.

8.

a) There have been several stories written about Paul Bunyan, a **lumberjack,** who probably lived most of his adult life in Canada.

b) Opal and Frank thought that the **jewels** they found in their cereal packets were worth a lot of money.

c) "Did the beetles really live in a yellow **submarine**?" asked Mrs. Robinson.

d) **Captain** Tom walked several times in his garden to raise money for charities.

e) Omar, the teacher, explained that equal marks will be allocated to both the **length** and content of this essay.

f) We will have a cleaner **environment** if school children walk or cycle to school rather than travel to school by car.

g) The **quotation** at the beginning of each chapter of the book from a well-known author was more interesting than the book itself.

h) There was a huge roar of **excitement** in the stadium when Emma won the tennis tournament.

i) Many famous writers are now **publishing** their books on the internet.

j) The class was asked to write three sentences this morning and each one had to contain a main clause and a **subordinate** clause.

9.

a) Mr. Jermaine contacted his bank by telephone, and the manager asked him to confirm his **initials** and date of birth before he could proceed with his query.

b) We ate roasted chickpeas with ice cream at Heston's Cafe; it was **delicious**!

c) The duke will attend the **official** opening of the world's biggest stadium.

d) Simone, a talented young **gymnast,** imitated some tricks from the squirrel and won gold medals at the Olympics.

e) Roger lost the tournament but was very **gracious** to his opponent after the match.

f) Amanda, the chairperson, introduced the meeting stating that all the items discussed in this meeting were private and **confidential.**

g) Ravi, the **musician,** played the sitar beautifully and Elton enjoyed listening to his music when driving.

h) When asked what steps he would take to minimise carbon emissions, the **politician** gave a rather vague answer.

i) "You need to wear a helmet, **especially** when you are cycling!" exclaimed Tom.

j) The rich landowner married a well-known **princess** last year.

10.

a) To mark the anniversary of this battle, all the soldiers wore a special **armour** for the celebrations.

b) This job advertisement stated that they were **particularly** interested in people who could drive lorries.

c) The project had to be revised as the initial plan was too **ambitious.**

d) Bruce, the quiz master announced that Team A had answered all the questions **correctly** and therefore had won the trophy.

e) Pennywise supermarket is now introducing contactless checkout systems in order to improve customer **experience**.

f) The police car moved at the speed of **lightning** on the motorway.

g) Greta was annoyed with the shopkeeper for the **extravagant** plastic bags that were used to wrap mangoes.

h) The referee had to **cancel** the final of this tournament as the football pitch was covered in thick snow.

i) It seems **incredible** that my mobile phone has more functions than the computer that was used in the lunar module that first landed man on the moon.

j) **Hopefully**, we will arrive at the train station before midday in order to catch the train to John O'Groats.

11.

a) Gordon, the headmaster, pointed out to the parents that much **emphasis** is put on grammar, vocabulary and punctuation for the English papers in school entrance examinations.

b) Anup, the driving examiner asked, "Craig, can you please read the **registration** number plate of the car in front of us?".

c) Although Philip wrote an excellent story, he did not get full marks as there were several **punctuation** mistakes.

d) The chemistry teacher had to ask the class to leave the laboratory as the odour from the experiment he had just performed was **overwhelming**.

e) Thanks to major advances in the field of **telecommunication**, working from home is becoming more normal.

f) Zhang was fluent in several **foreign** languages.

g) In **accordance** with the rules and regulations of the school, we are not allowed to leave the classrooms before the bell rings.

h) Jurgen, the language teacher, told his pupils that he would have **regular** spelling and grammar tests in his class.

i) There were several versions of this event and this made it more difficult to know the **truth**.

j) This story was clear, interesting and **logically** written.

12.

a) The view from the top of Mount Kilimanjaro was **fabulous.**

b) The display in the museum gives a **fascinating** view of how the residents of this village lived in the sixteen century.

c) Gareth had to **experiment** with different pieces of wood before he could select the right one to make the box.

d) The supertanker has to veer slightly to the right in order to avoid a **collision** with the cruise ship.

e) Farmer Granville had a good harvest this year and he has an **abundance** of squash and apples.

f) The shop had a note on its door stating that because of a leaking roof, the shop will be closed until **further** notice.

g) The scientist examined the footprint on the rock found at the seaside and concluded that it was

that of a massive **dinosaur** which was common in this area many millions of years ago.

h) The Cantonese language examination will include both a written test and listening **comprehension** test.

i) The bus driver could not continue his journey as there was not **enough** petrol in the tank.

j) **Although** the weather forecast showed heavy rain and hailstorm, it turned out to be a lovely warm, sunny day.

13.

a) Muir was excellent at mathematics; he was able to work out complex **multiplication** faster than a calculator.

b) The team who **climbed** Mount Everest displayed courage, determination and excellent mountaineering skills.

c) I could **hear** the robins making a whistling sound in the garden this morning.

d) The art collector told the audience that the sketch by Vincent looked **marvellous** and would be very valuable.

e) Rajeev, the English teacher, was not happy with Callum's work this week as he had made several **careless** mistakes.

f) Her beautiful dress now smells of rotten eggs as Ivy, the waitress, **accidentally** dropped a plate of salad on her dress.

g) Thomas, the ticket station master, informed us that facilities to use laptops were only available in the middle **carriage** of the train.

h) Hamish **hurriedly** scribbled a note on a piece of paper which he then passed on to the chairperson of the meeting.

i) The tension between these two countries is becoming worse and to avert a major crisis, other neighbouring countries have urged them to resolve this situation **peacefully**.

j) The amount of money and other resources the government have invested in this project have been shameful and **pitiful**.

14.

a) Gunter showed us the underground **entrance** to this palace.

b) The children were playing with the huge orange **balloon** when it suddenly burst and made a loud noise.

c) Although Tony won several military medals, others have described him as a **coward**.

d) During the Covid-19 pandemic, many supermarkets informed their customers that there were **plentiful** supplies of toilet paper.

e) The English group gave an interesting talk of why poets of different centuries have been fascinated by the song of the **nightingale**.

f) There was a long queue at the post office as today was the **release** of the new stamp commemorating the last World Cup.

g) Suddenly, there was an announcement on the tannoy at the train station, "All trains have been cancelled as the railway tracks are **sagging** due to the very hot weather".

h) As soon as we were in the tunnel, we were unable to continue the conversation as we could only hear a **humming** sound on our mobile phones.

i) Since Doctor Chan warned him that his health will deteriorate further if he continues to eat sugary snacks, he is now making a **conscious** effort to eat more fruit.

j) As a consequence of severe droughts, food is becoming more and more **scarce** in some parts of the world.

15.

a) Albert explained that he was good at **mathematics** and this helped him to solve some of the more complex problems he encountered in physics.

b) Brian enjoyed reading science fiction **adventure** stories.

c) During the Covid-19 pandemic, many people were stockpiling food as they were **anxious** that there could be a shortage.

d) In order to understand the **behaviour** of the starlings, Lionel has to spend some time in the field.

e) Scientists have been spending years trying to create an artificial **diamond**.

f) Kieran did not want to travel through the **tunnel** as he had to pay a toll charge.

g) The slow **adoption** of the Covid-19 vaccines in some countries has been greatly influenced by huge amount of unreliable Information circulating on social media.

h) The world will be heading for a major disaster if the **temperature** of the planet continues to rise.

i) **Recognising** the sudden increase of the rate of infection, politicians have called for an emergency meeting to implement measures to halt this infection.

j) Dinesh was not keen to purchase this mansion as the toilet and bathroom were **separate** from the main house.

16.

a) In this punctuation test, Clive scored high marks as he remembered to start all the sentences with **capital** letters.

b) Garry won several chess tournaments at a very young age and was described by several newspapers as a budding **genius**.

c) The police were able to arrest the **burglar** easily as he was clearly visible on the security camera.

d) Only Elon was able to park his car in this tight space as his car was equipped with artificial **intelligence** systems.

e) There was a rush of passengers to the departure gate following an announcement that **flight** 747 to Seoul was now boarding.

f) The value of properties in Leeds has risen sharply in the past **decade**.

g) Everybody was laughing at Ingrid as she had not wiped off a dollop of ice cream on her **forehead.**

h) During the hot weather, there has been an invasion of spiders, some of which have been found to be **poisonous.**

i) Hamid thanked the residents for their **generous** gift of vegetables to the food bank.

j) The public is in total agreement that the nurses **deserve** a more reasonable pay rise rather than a clap on Thursday evenings.

17.

a) Ole looks absolutely **ridiculous** in this expensive green suit.

b) The toilet in this office is **permanently** out of order, which is causing a lot of inconvenience.

c) The bank reassured Freddie that the **thief** was not able to gain access to his account but advised him to change his PIN number immediately.

d) The tourist guide explained that this place used to be **inhabited** by pirates.

e) It was difficult to move around Grandma Melba's house as there were **miscellaneous** items and furniture arranged haphazardly.

f) The teacher asked the pupils to **calculate** the total amount of calories they consume in a week.

g) Zahir has developed a solar-powered **amphibian** vehicle.

h) The island has now become overcrowded since it has become a popular tourist **destination**.

i) It was difficult to find one's way around this building as it had several **revolving** doors.

j) Milo, the cat, **pondered** on all that was happening around him in the garden.

18.

a) Initially, Claudio, the manager had an **informal** meeting with all his employees in an attempt to resolve the dispute.

b) There was a feeling of **uneasiness** in the country when it was announced that a total lockdown will be reimposed as the rate of Covid-19 was rising.

c) Only divine **intervention** could prevent Tuna Rovers from being relegated to the Football League Second Division.

d) Giuseppe found out that food sold in the street market was as tasty as food available in **expensive** restaurants.

e) Frank complained to the hotel manager that the service he received during his stay was well below expected standards and totally **unacceptable**.

f) Doctor Vijay told the anxious patients that there was not any **literature** at the moment on this disease.

g) Desmond, the sport commentator said that Kalvin missed a golden **opportunity** when he failed to score a goal.

h) Using **subtraction**, Alan was able to solve the complex puzzle.

i) The tall building in this city does not look as **glamorous** as the other old buildings in the vicinity.

j) The politician did not get elected this time because of his **boastfulness**.

19.

a) In order to pass his driving test, George has to learn the **highway** code.

b) Abdul set up a company making chutneys and became a **millionaire** by the age of twenty years old.

c) I was surprised to find out that this shop is now selling organic food for **kittens.**

d) Cameron and his team had to **abandon** their plans to climb Ben Nevis as a storm was imminent.

e) Although it is not **compulsory** by law to wear face masks in supermarkets, this supermarket is however advising customers to wear one to protect themselves and others.

f) Only children between the ages of ten years old and twelve years old can enter this football **competition.**

g) I always walk on the other side of the road, as there is a bulldog who is always barking at me and sees me as a potential **adversary.**

h) Although, Fergal is very **wealthy**, he is always wearing the same clothes and will never invite you to his home for a meal.

i) Tim congratulated his **opponent** for winning the finals and playing an excellent game.

j) Mohan's biography provides a **fascinating** glimpse of how the empire was dismantled.

20.

a) It is very easy to locate Alexis's house as it is the only one painted in **beige** in this neighbourhood.

b) Fortunately, Krishna was able to recharge the **batteries** for his camera on the train.

c) As he was excellent with words, Zac was able to write a **comedy** with several episodes for television.

d) The architect advised that the kitchen could not be built on the first floor as it is likely to be a fire **hazard.**

e) This **valley** is good for farming as there were two rivers running through it.

f) The astronomers need to have a more **powerful** telescope to study this comet.

g) In his **autobiography**, Alex described what motivated to become a good footballer.

h) The residents strongly objected against the building of this bus **terminus** in their village.

i) In his speech, the mayor thanked the volunteers who have been working hard behind the **scenes** to make this event a success.

j) Anna's e-mail caused a lot of **confusion** because of all the punctuation and spelling mistakes.

21.

a) To our **amazement**, the car was able to complete the journey on an almost empty fuel tank.

b) The **magician** showed the children how he did some of his tricks.

c) Before Deepak became the Chief Executive Officer of this organisation, he had to take a **subordinate** role in various departments.

d) The government has asked several laboratories to carry out **scientific** research in the field of infectious diseases.

e) The famous actor, Dillip, started his acting career in this small **theatre.**

f) The letter from the tax office was so ambiguous that we needed to contact them several times for **clarification.**

g) Graham was disappointed with the builders as they were not able to complete his underground parking on **schedule.**

h) In the preface of this book, the writer commented that the story was based on his personal **observation.**

i) Hamid was a highly respected **scholar** in the field of English civilisation.

j) Anyone who **successfully** completes this puzzle first will win the top prize.

22.

a) With the aid of a powerful telescope, Nicholas, the **astronomer**, was able to identify the movement of this comet.

b) It was an **absolute** delight to watch the sunset from the top of this hill.

c) The scientists are now concerned that plastic is now threatening **marine** life.

d) Fiona was not able to read the news today as she has developed a cold and her voice was **hoarse.**

e) When Tom translated the **proverb** from Cantonese to Swahili, it had a different meaning and was extremely funny.

f) The tourist guide recommends a visit to the Lizard **peninsula** as it is magnificent and offers breathing views.

g) Brian gave an interesting talk on how the age of the **universe** is measured.

h) Alonzo, the master chef, does not usually **submerge** his ingredients in water when he cooks egusi.

i) To commemorate the anniversary of the 100 birthday of this famous scientist, a **monument** was erected in his honour.

j) Noah and his friends are constructing a catamaran as they **intend** to travel around the world.

23.

a) Aura Travel **Agency** was offering a massive discount to all customers who book online.

b) Johan built an eco-friendly **mansion** in the middle of this huge forest.

c) The letter gives clear instructions on how to **detach** the label from the box.

d) Tom was a very popular shop assistant and he had a great sense of **humour.**

e) All the ornaments were neatly arranged on my Grandmother's **mantelpiece.**

f) The **upholstery** in the house was very old and did not match the colour of the newly painted walls.

g) Although the painting was expensive, it was not an **original** one.

h) The newspaper has an illustration of a **constellation** of stars that can be identified during the summer months.

i) There was a strong warning from the headmaster that pupils who play **truant** will have their holidays cancelled.

j) In order to find more effective medication to treat the Omicron variant, the scientists have been analysing blood **specimen** from both people who have been vaccinated and those who have not.

24.

a) The builders were digging the **foundation** for the new wall.

b) "We must try to **diminish** the cost of producing this new vacuum cleaner", declared the manager.

109

c) There was a lot of **confusion** when the tornado struck the city.

d) Jane Austen was an English **novelist** who was born in Hampshire in the year 1775.

e) There was a **continuous** stream of visitors at the local museum.

f) A game of chess requires a lot of **concentration**.

g) Tom's injury in the football match was a great **misfortune**.

h) My sister was very **apologetic** about forgetting my birthday.

i) I will bake a Christmas cake and give it to my **neighbour** who lives on her own.

j) The red flag was put in a very **conspicuous** spot near the cliff.

25.

a) The village was completely demolished by a severe **tornado.**

b) Rice and Peas F.C sacked their manager as they finished **twelfth** in the Premier League.

c) There were several documents in this museum about the history of this famous **monarch.**

d) The priest informed the **congregation** that in line with government regulations during the Covid-19 pandemic, face coverings will be mandatory when they attend the next service.

e) The tourist guide explained that this monument marked the spot where a terrible **massacre** occurred about five centuries ago.

f) We enjoyed a **superb** meal at the smiling Ragamuffin restaurant.

g) Milky Way TV channel will now show the film the Magnificent 100 and it will **comprise** of 30 episodes.

h) At last, both Vladimir and Donald were able to complete the cryptic crossword puzzle when they worked out the antonym for the word "**quarrel**".

i) After winning the tennis championship, Emma commented that her **opponent** played a very skilful game.

j) Roald was **ruthless** in his pursuit to become the first person to reach the Antarctic.

26.

a) Peggy's palace looks **elegant** after the refurbishment.

b) The minister was forced to resign when he was found involved in a **scandal**.

c) The council will not grant Marsreach Construction planning permission to **commence** work on building the tallest skyscraper in the city.

d) Filo was familiar with the Hakata dialect as he was a frequent **traveller** to Japan.

e) The weather has been very **variable** this winter.

f) As he has played all day, he is now working with a **vengeance** in order to finish this essay.

g) The countryside was beautiful, however, the sight of so much litter made it look **pathetic**.

h) Everybody loves Fido as he was an extremely **affectionate** dog.

i) The scientists explained that it is highly **improbable** that the Covid-19 virus will be completely eliminated this year.

j) In order to reduce carbon emission, this road will be for **pedestrians** only.

27.

a) Supermarkets can now **prohibit** customers from entering their premises if they are not wearing face-coverings.

b) As there will be a high demand for tickets for this rugby final, it is **advisable** to book tickets at least six months in advance.

c) The Remembrance Sunday parade to celebrate the war heroes was a rather **sombre** occasion.

d) His command of English was so brilliant that nobody could believe he was a **foreigner**.

e) Abe had a **hoard** of valuable and rare paintings in his loft.

f) My family and I hope to travel to Iceland next week and take photos of famous **geysers**.

g) Doris is writing a book on the contribution made by the **immigrant** community to the National Health Service in this country.

h) Chandran, the surgeon, informed us that the patient will need to have an X-Ray to locate the **foreign** body in his stomach before he can proceed with operation.

i) It is widely acknowledged that in order to eradicate the Covid-19 virus, a fairer **distribution** of vaccines in the world would be necessary.

j) Luangwa River in Zambia is famous for being a favourite location to the **hippopotamus** family.

28.

a) It gives a good **impression** if you are smartly dressed and are tidy for a job interview.

b) Speed1 Railway Company bores massive holes in tunnels using special **pneumatic** drills.

c) The space scientist has to **pivot** the telescope on a huge stand to obtain a clearer picture of the comet.

d) The economist was very concerned that the high rate of inflation will **accelerate** the rise in prices of commodity goods.

e) The fire at the tower happened about a week ago but it seems to continue to **smoulder**.

f) There is always a queue of people near this shop as it is famous for selling **inexpensive** food.

g) **Wreckage** of the plane was found on the mountain after an extensive search of the area.

h) There was a huge **exclamation** of delight when the headmaster informed the pupils that they had all passed the examination.

i) Fiona received a text message from her friend, Molly, who told her that the village was in a **desperate** situation as all the shops were closed following the flood.

j) The referee gave Eddie a red card as he was aggressive **towards** the other players.

29.

a) The expensive painting Pablo purchased at this gallery resembled florets of **broccoli**.

b) Albert usually takes his favourite **companion**, Zeus the dog, for a long walk in the park every morning.

c) This **mahogany** table which was built in the seventeenth century displayed great skill and craftsmanship.

d) Bruce, the farmer, is worried that the sprouts will all **shrivel** up as the weather has been so dry over the last few months.

e) The price of lithium is increasing as it is a **vital** component for electric car batteries.

f) There was a warning note written in bold red letters on the bottle stating that this liquid is highly **inflammable**.

g) A huge amount of **research** is now being undertaken to find an oral vaccine to fight Covid-19.

h) Milk, sugar, tomatoes, olive oil, ghee, manioca, **cereal**, rice and dahl were on the shopping list.

i) The scientists reckon that a major **catastrophe** awaits the whole of humanity if urgent steps are not taken to reduce carbon emission.

j) The gardener was very grateful to the bees that fertilise his plants by bringing **pollen** to them.

30.

a) Luggage should not be left in this corridor as it will **obstruct** the fire exit door.

b) The mathematics teacher asked his pupils to write the **equivalent** of one foot in centimetres.

c) In order to **perforate** a cavity in the wall, the builder had to use a more powerful drill.

d) Simon has been running a successful **business** selling microchips around the world.

e) It is easy to grow **deciduous** plants if you follow the advice provided by the garden centre.

f) The flight was delayed, **apparently** due to an imminent hurricane.

g) Increasingly, more and more **bacteria** are becoming resistant to antibiotics.

h) Cassim was very **indignant** and wrote a letter to the company complaining about the quality of their products.

i) **Obstacle** race is a popular sport in our school.

j) There was an advertisement in today's newspaper for a senior post as a **naturalist** in the city's museum.

31.

a) Everybody was falling asleep during his speech as his voice was very **monotonous**.

b) This year, the school fair will be sponsored by the local business **association**.

c) Dr. Van explained to Fred that his recent **asthma** attack could have been triggered by the high traffic pollution in this area.

d) It was a surprise to see that the **mongrel** had won the annual dog show for good behaviour.

e) Gary, the **commentator**, shouted, screamed and danced when his team scored a goal during the last phase of the game.

f) Harold is planning to do an online survey on **superstitious** beliefs among university students.

g) You should wash your hands thoroughly after handling this plant, otherwise you could get a severe **allergic** reaction.

h) When he returned to his office after the summer holidays, Graham had a lot of **correspondence** to deal with.

i) When he resigned from his job as Prime Minister, there was a long discussion about who would be a suitable **successor.**

j) Lionel was listening to an audio **commentary** on this year's bestseller.

32.

a) The chief scientific advisor warned the public that the virus was highly **infectious** and drastic measures would need to be implemented.

b) An annual religious **ceremony** will now be held to remember the soldiers who lost their lives during the Second World War.

c) During an inspection, the environmental officer was forced to close this famous Michelin Star restaurant because of extremely poor **hygiene**.

d) Hotel Taz provides excellent **accommodation** at a reasonable price, offering spectacular views of nearby waterfalls.

e) Sadly, this historic **pavilion** will now have to be demolished as it was not safe.

f) Mr. Farouk, the famous **surgeon,** is now using robots to assist him with cardiac surgery.

g) Although the instruction provided was ambiguous, Steve eventually managed to **assemble** the computer.

h) The headline on the newspaper was 'Time is a great **physician**'.

i) The finance **department** is located on the tenth floor.

j) Abdominal pain that increasingly becomes more severe could be a sign of **appendicitis**.

33.

a) As far as we can establish, this is the only **museum** in the world that contains a huge collection of this type of jars.

b) Using a powerful computer, the space scientist was able to solve a complex **calculation** which worked out how to a land a satellite on Uranus.

c) His **suggestion** to construct a bridge between these two towns was taken on board.

d) The Chief Executive Officer's response to the employees requesting a pay rise was **pitiful**.

e) Scientists have found a **connection** between pulmonary disease and pollution.

f) All the neighbours came to the **rescue** of Oreo, the kitten, who was stuck in the tree.

g) Heston has deliberately **shrivelled** the Brussel sprouts to put them in the ice-cream.

h) The government announced that they will review the **welfare** system as it was underfunded.

i) The soldier won several medals because he was **courageous** in saving many people's lives.

j) Sadly, all of Ralph's flowers **withered** as he forgot to water them during the hot summer.

34.

a) Gas **removal** technologies might help in the reduction of carbon emissions.

b) The scientists reported that as a result of the **decrease** in cases of people infected with the Covid-19 virus, restrictions could now be lifted.

c) The football manager was disappointed with his team's heavy loss and told his players that they would need to demonstrate more **determination** in their next game.

d) The historian admitted that he was expressing a **personal** opinion and it was not based on evidence.

e) The lawyer had to update himself further because of the recent changes in **criminal** law.

f) Sadly, the greatest musical **festival** had to be cancelled because of lockdown.

g) There has been a steady **decline** in the sales of petrol and diesel vehicles since the taxes for these types of fuel have been increasing.

h) In his autobiography, the artist recalled how being **liberal** in his views enabled him to be more adventurous in his paintings.

i) "Do you have anything to **declare**?" the Custom Officer asked the passengers.

j) The speed camera on the motorway was able to **determine** exactly the speed the car was travelling at.

35.

a) The captain was surprised to find out that the **fund** he set up had raised over a trillion pounds.

b) John is saving a small **portion** of his salary to pay for his university fees.

c) The teacher reminded the class that it is important to gain your reader's attention in your **introduction**.

d) The label reads that this coat is made of a special material that offers **protection** against sub-zero temperatures.

e) Several historians believe that Moira was a **traitor**.

f) The full story of the report in the newspaper contained a few **minor** errors.

g) The survey shows that the **majority** of the residents objected to a telephone mast being erected in this area.

h) The **proportion** of water should always be twice the amount of rice in order to cook the rice perfectly.

i) All the members of this horticultural society were present as a **major** decision needed to be taken.

j) We watched an interesting television programme on the **production** of chocolates.

36.

a) Climate scientists are warning that people will need to become **accustomed** to extreme changes in the weather.

b) Moussaka is the national dish of **Greece**.

c) The plumber uses a laser tape to obtain an **accurate** measurement of how the pipes are to be cut.

d) As an **engineer**, Albert was able to solve this mathematical puzzle quickly.

e) To **announce** the launch of this new cereal, the supermarket sent an e-mail to their loyal customers.

f) The lift took us to the top of the skyscraper where we had a **great** view of the city.

g) Malcolm had a long **career** as a teacher before his retirement.

h) In **addition** to being a famous chess grandmaster, he was also a neurosurgeon.

i) When the new policy was introduced, the opposition party was quick to **accuse** the government of not caring for the environment

j) Yuri is acknowledged as a **pioneer** of space exploration.

37.

a) In order not to **injure** yourself, you should use a pair of scissors instead of a knife when opening this box.

b) This **ghost** story is interesting and full of suspense.

c) **Insert** the cable in socket Z to start the computer.

d) The senior astronaut will **instruct** the command pilot how to use the equipment on the module.

e) A large proportion of our **income** is being spent on food.

f) His friend thought that the text he sent was an **insult** not a joke.

g) As Auntie Queenie hates internet banking, she is now keeping her money under a **cushion**.

h) Using carbon dating, the archaeologist was able to establish that the **skeleton** found in the building site was about fifty thousand years old.

i) Steven, the captain of Rovers, will miss the final as he sustained an ankle **injury** during the training sessions.

j) Although Danny is working as a doctor, he also has a very **keen** interest in horticulture.

38.

a) Each **candidate** will need to do a power point presentation on the effects of global warming for the interview panel.

b) The satellite is made of a special material that will break up into small **fragments** before it reaches the stratosphere.

c) The builder calculated that it would be more expensive to use a concrete mixer rather than mixing **cement**, gravel and water manually.

d) The wedding dress was made of **delicate** silk fabric and was beautifully embroidered with silk threads.

e) After the war, Jayaram was honoured for his service to his **regiment** and country.

f) Do not **hesitate** to contact Mr. Bean if you require further information on this project.

g) This electric car company is intending to extend its business on the Asian **continent**.

h) The Dumbo Airlines were not able to advise the passengers how to obtain a digital Covid-19 vaccination **certificate**.

i) Pumpkin computers had excellent reviews mainly because they are powerful, user-friendly and very easy to **navigate**.

j) The pupils in the class conducted a chemistry **experiment**.

39.

a) The teacher emailed the **student** reminding him that the deadline for this essay is the last day of the month.

b) Do you know the **average** food consumption of an adult lion in a day?

c) Andreas took an amazing photograph of the cat on his smartphone **camera**.

d) The actor admitted that he is usually nervous before he goes on **stage.**

e) Ron allowed his car engine to deteriorate so much that it is now beyond **remedy.**

f) Flo, the birdwatcher, has devised a new bird feeder to **discourage** squirrels from eating the bird seeds in her garden.

g) Ronald is now more **confident** to hold a conversation in Mandarin since he has mastered the grammar and spelling of this language.

h) We were all amazed how Jerry was able to park his car in this small **garage** using the park-assist system.

i) For security reasons, all the **baggage** will be X-rayed before they are taken on the planes.

j) As he prepared for this important **debate**, Sri was given some helpful tips from his classmates.

40.

a) Pablo's painting was hung in a **prominent** position in the art gallery.

b) The hotel manager pointed out that the beautiful lemon tree in the lounge was grown as an **ornament** only.

c) The climate scientists are concerned about the impact of the increasing rise in the global **temperature**.

d) Within a year, several medications have been approved for the **treatment** of Covid-19.

e) The university announced that Professor Frank's **lecture** on the impact of artificial intelligence will be online.

f) Ideally, we would like to spend our December holiday in a country that is located in a **temperate** zone.

g) The writer wrote in his prologue that the story in this book was heavily influenced by the African **culture.**

h) The diplomats of the two countries eventually signed the **treaty** after several days of discussion.

i) The surgeon gave a demonstration to the medical students how the **instrument** is to be used.

j) The minister made a statement that more money will now be invested in **agriculture**.

41.

a) As someone who has never played tennis before, she demonstrated **tremendous** talent and will undoubtedly be a future tennis star.

b) The **volcano** suddenly erupted covering the whole island in dust and causing massive waves in the ocean.

c) Until **recently**, there was a tall building on this site.

d) The driver of bus 112 told the passengers that he is unable to continue the journey as one of the tyres has sustained a **puncture.**

e) "You look absolutely **ridiculous** in these yellow trousers", exclaimed Ted.

f) **Recent** advances in technology have made it possible to assemble a powerful telescope about one million kilometres from planet Earth.

g) His neighbours were **jealous** of his immense wealth.

h) As the Chief Executive Officer of the Gulab Company could not have a New Year party due to Covid restrictions, instead he sent an e-card to all his staff wishing them a happy and **prosperous** Tiger new year.

i) The nurse assisted the injured patient as he had to lie down carefully on the **couch**.

j) The players were rather **nervous** at the start of the game.

42.

a) Planet Mars will be **visible** tonight.

b) The **ignorance** of the politicians on the plight of the refugees was profoundly apparent.

c) During the parade, we noticed that the commander was the only soldier not carrying a **rifle**.

d) There was a note on the door of the conference room stating that **attendance** to this event was by invitation only.

e) Everybody wanted to know who was **responsible** for this terrible mess at this birthday party.

f) At the wedding reception, there was an **abundance** of delicious meals and plenty of drinks.

g) The road ahead was closed and the navigation system in our car was not able to work out an alternative **route**.

h) Viruses are often called the **invisible** enemy and can only be seen using a powerful electron microscope.

i) Micah made a sensible **decision** not to drive when it had been snowing heavily and the roads were very icy.

j) Although he has visited this country several times, he was however totally **ignorant** of its history and culture.

43.

a) The philanthropist will donate a large sum of money to the victims of this **earthquake**.

b) Nick has to use a tall ladder to repair the hole in the **ceiling**.

c) The politician had to resign when he was accused of lying and **deceit**.

d) The tourist was politely asked by the guide to remove his cap when he entered this **sacred** place.

e) George confirmed that he did not have any **hatred** of foreigners.

f) The people working in this office look very casual in their **appearance**.

g) The author of this fairy tale story described the **witch** as grotesque in her appearance.

h) Rita told her doctor that since she had Covid-19, she has been feeling rather **wretched** in the afternoons.

i) It seems that Rees, the cat, was able to **perceive** the sound emitted by the ultrasonic device.

j) Rafique was annoyed with the council's report as it was **deceitful** and it was not based on facts.

44.

a) Jacob wrote the following words at the end of his letter: "I would appreciate it if you could this matter further **consideration**".

b) My grandfather enjoys watching his favourite **television** programmes in the evening.

c) The astronomer had to refocus his **telescope** several times to get a better view of Saturn.

d) The chef said that the **principal** ingredients of this soup were stock and vegetables.

e) The teacher wanted his pupils to convert a **kilogramme** and a half into pounds, without using a calculator.

f) To establish if there was any **pain** in the fingers, he gently squeezed the patient's fingers.

g) The **cathedral** which was built about 1000 years ago is the oldest building in this city.

h) The chemist was now advertising a new cream that could reduce **wrinkles**.

i) During the lockdown, the only way he could have a **conversation** with his parents who live on the other side of the world, was to use the internet.

j) The band had to practise the **national** anthems of different countries who are participating in the football World Cup.

45.

a) The teacher asked the class "" What is the difference between a clause and a **phrase**?".

b) To everybody's amazement, the magician was able to work the **combination** number of the safe in seconds.

c) The plumber fixed the bathroom tap which was **continually** dripping.

d) Tim, the astronaut, took an amazing **photograph** of planet Earth.

e) Our journey took longer than we anticipated as we had to make a detour because a **section** of the motorway was closed.

f) My **intention** is to run one mile every morning so that I can compete in the marathon next year.

g) The scientist explained how good **ventilation** can reduce the spread of the virus.

h) The headmaster informed us that we have to be **punctual** for the English comprehension examination, otherwise we will not be allowed in the examination room.

i) Thanks to major advances in science, many **fatal** diseases can now be treated with good outcomes.

j) The referee showed Gary a red card as he was too **physical** when he tackled the striker.

46.

a) The **tenant** was given a contract that stipulated that one of the conditions to stay in this mansion was to keep it tidy and clean.

b) The scent in his garden is amazing since Auntie Lilly has grown several **fragrant** flowers.

c) The school **choir** will be giving recital next week which will be shown on BBC television.

d) The government will now offer financial **assistance** to the residents of this village whose houses were seriously damaged during the flooding.

e) As it was snowing heavily, the **athletic** competition had to be abandoned.

f) The people were successful in organising a rebellion against the president who had been acting as a **tyrant**.

g) He admitted that he hated **domestic** work and that was why his house was untidy and dirty.

h) Tom was awarded several medals because of his **heroic** acts during the war.

i) The air stewardess pointed out that seat 30 was **vacant**.

j) Huw said that his car **insurance** policy had now gone up.

47.

a) The president was welcomed with pomp and **circumstance** when his plane landed at the airport.

b) Jackfruit, mangoes, lychees and lemons grow very well in the **tropics**.

c) A two-minute silence was observed during the **remembrance** service for the brave soldiers who lost their lives during the Second World War.

d) The soldiers have to practise hitting the target with a water **pistol**.

e) Using a powerful telescope, the **majestic** Aurora Borealis became very visible.

f) I did not like the way the comedians were dressed as the costumes were too **extravagant**.

g) It was warm and sunny - the **ideal** weather to go for a long walk in the countryside.

h) The **pilot** made an announcement on the tannoy confirming that the plane would be arriving at its destination on schedule.

i) The cat walked across in the garden very slowly and in an **elegant** way.

j) The shopkeeper has to stick a barcode on each **item** on the shelves.

48.

a) The cup and **saucer** were rare items and were valued at a high price.

b) It has been raining heavily all this week and there were **flood** warning signs on the motorway.

c) We took an amazing picture of the sunset on the **ocean**.

d) His colleagues organised a surprise **farewell** party for his retirement.

e) The **wooden** bridge on this lake is very old and is a major tourist attraction.

f) We decided to go for a **picnic** at the seaside as the weather was beautiful.

g) "Who **else** could have left their car keys in the office?" asked the manager.

h) The shopkeeper accurately calculated the total cost of the goods, using mental **arithmetic**.

i) The author wrote this book in memory of **Aunt** Elsie.

j) The bank stated that the back of the card should not be signed with a **pencil**.

49.

a) The price of houses in this neighbourhood has gone up recently and you need to earn a good salary to **afford** a house here.

b) I **regret** the amount of money I have spent on this watch.

c) The cart that brought our luggage on top of the mountain was drawn by a **pony**.

d) Unfortunately, the postman delivered the parcel to the wrong **address**.

e) You will locate the museum just before you **approach** the roundabout.
f) With **regards** to global warming, the report recommends solar and wind power as two effective methods that minimise the effects.
g) Hamid, the IT consultant, will now **assist** you in setting up your superfast internet connection.
h) Some supporters of this excellent football team were leaving the stadium before the end of the match as they feared they were **losing** this game.
i) The reporter wrote an accurate **account** of this event in his newspaper.
j) He told the driver that he could park his van in front of the house with a dark **navy** blue door.

50.

a) Amos had to use a screwdriver to open the stiff desk **drawer**.
b) The **lawyer** had to do a lot of research to win this complex case.
c) During the Covid-19 pandemic, hospitals did not **allow** patients to have any visitors.
d) The kitten approached the gate **nervously** before being picked up by her owner.
e) Ben's dog was sitting next to him in the car, on the **passenger** seat.
f) The **retreat** house where we stayed was in a beautiful location in the countryside, at the edge of a small village.
g) To improve his vocabulary, he reads at least one **chapter** from a book every day.
h) You wash the wall first before you **apply** the paint.
i) The **gardener** found a rare gold coin when he was digging the ground.
j) The pupils had great admiration and **respect** for the headmaster.

1.

R	Q	Q	E	I	B	I	Z	N
Z	L	A	N	T	E	R	N	S
S	H	E	P	H	E	R	D	S
J	B	D	X	P	S	V	U	F
E	N	D	E	Q	M	F	K	V
K	V	Q	Y	F	A	Q	D	K
L	A	O	Z	S	N	K	B	A
R	C	E	N	T	U	R	Y	Q
G	P	D	U	I	F	Q	A	E
R	R	F	U	J	A	R	F	T
E	O	A	T	D	C	Y	G	H
E	D	M	Z	R	T	E	U	O
T	U	I	C	Q	U	A	F	U
I	C	L	S	L	R	Z	K	G
N	T	Y	O	Z	E	W	Y	H
G	I	X	N	Y	D	K	R	T
S	O	M	G	J	I	G	H	F
X	N	D	Y	U	J	S	E	U
D	D	D	V	I	T	O	I	L
E	X	P	O	P	U	L	A	R
C	M	W	J	T	Z	G	Z	I
P	E	R	S	U	A	D	E	K
R	A	S	Y	R	K	N	S	W
M	N	G	R	R	P	P	B	Z
S	T	E	U	Q	Y	L	X	R

4.

V	G	G	U	L	D	P	T	G
O	D	O	X	D	Z	D	R	J
F	A	V	O	U	R	I	T	E
M	N	R	O	Q	W	S	O	B
N	G	R	A	N	A	A	X	J
V	E	Z	N	Z	B	P	S	I
L	R	F	N	V	B	P	G	S
X	O	T	I	R	R	E	P	P
B	U	M	V	G	E	A	E	O
E	S	H	E	G	V	R	S	M
Y	V	O	R	H	I	E	U	K
O	L	U	S	Z	A	D	T	R
N	F	E	A	Z	T	O	I	G
D	K	Q	R	V	E	P	L	U
H	J	M	Y	W	G	D	K	I
O	V	E	M	M	V	Q	I	T
F	M	A	N	A	G	E	R	A
R	P	C	I	F	W	U	H	R
V	N	R	E	N	E	R	G	Y
E	T	U	K	H	X	F	V	F
D	K	W	U	X	E	S	Y	S
E	L	E	P	H	A	N	T	S
Q	J	O	D	A	Y	M	E	D
T	F	K	I	M	B	X	H	C
X	L	Q	C	K	A	J	H	M

2.

C	L	P	Y	P	L	Q	N	B
O	U	T	C	J	O	P	X	N
L	A	H	S	P	R	I	N	G
L	R	R	I	R	O	J	U	L
E	B	O	A	T	S	M	X	J
C	G	W	L	X	Y	I	Z	F
T	M	N	P	U	W	P	U	Z
I	I	H	E	L	C	C	J	B
O	H	N	R	V	R	V	R	B
N	Z	Q	M	P	E	W	U	M
O	C	Q	I	E	T	V	W	W
F	P	N	S	R	U	P	L	I
M	J	K	S	C	R	F	Y	T
C	B	Y	I	T	N	F	U	H
A	A	B	O	N	E	T	B	O
X	N	W	N	N	D	V	V	R
W	W	P	H	I	P	X	C	O
A	G	R	E	E	R	O	F	U
T	J	C	Q	I	B	M	K	G
Z	N	W	Z	U	J	O	H	H
V	C	A	N	D	L	E	S	L
H	W	F	N	P	I	V	Y	Y
Q	U	I	C	K	L	Y	M	D
P	A	H	X	F	G	N	K	O
N	V	K	R	V	B	C	A	M

5.

U	F	K	R	Y	T	U	W	M
R	D	O	S	O	C	F	G	C
Z	W	M	A	C	H	I	N	E
V	B	E	C	A	U	S	E	D
T	V	P	V	H	H	Z	S	V
Y	E	R	I	U	F	P	O	N
P	L	W	Y	N	D	M	V	X
I	L	B	U	D	A	H	L	O
C	D	E	G	E	H	A	X	S
A	U	A	S	R	B	M	U	R
L	W	U	E	S	C	B	T	Q
Q	L	T	R	T	G	U	W	E
G	F	I	T	A	G	R	H	I
R	J	F	Z	N	B	G	Q	O
U	I	U	D	D	U	E	V	Q
S	F	L	P	I	I	R	R	R
S	E	C	O	N	D	A	R	Y
Z	N	T	I	Q	F	X	F	L
W	Y	C	H	Z	M	A	R	A
R	O	S	T	I	K	P	J	B
E	G	H	Q	Z	U	G	O	E
C	H	I	L	D	R	E	N	L
A	K	E	O	O	O	Y	U	S
S	U	Y	G	W	U	D	Y	B
R	F	U	N	C	T	I	O	N

3.

T	R	M	A	P	D	B	A	M
E	L	F	Z	K	E	U	O	U
M	P	P	O	J	P	C	J	S
P	B	J	M	U	A	W	M	I
O	G	Z	U	S	R	Q	J	C
R	L	S	L	S	T	O	Z	A
A	M	B	T	Y	R	Z	B	L
R	Q	X	I	H	I	U	A	E
Y	K	O	P	F	D	U	W	V
L	Z	D	L	J	G	J	F	B
M	J	N	E	I	E	P	U	I
F	D	J	G	R	R	X	L	W
Z	Z	Y	X	D	O	J	B	Y
S	B	U	N	G	A	L	O	W
K	T	C	Q	F	F	P	L	B
S	N	Z	M	W	N	F	P	V
E	K	U	Z	X	K	E	R	I
R	W	S	E	N	X	M	K	S
I	D	P	O	E	T	I	C	N
O	T	N	H	Z	W	A	V	F
U	C	M	A	S	S	I	V	E
S	E	N	L	Q	K	A	J	L
A	J	F	S	M	Q	Q	C	X
O	B	P	S	W	E	J	V	T
T	E	R	R	I	F	I	C	V

6.

K	Y	T	K	W	F	G	J	F
I	C	A	U	T	I	O	U	S
H	U	S	D	T	N	K	I	Q
F	V	H	R	I	U	N	S	R
D	M	H	T	B	L	U	P	E
S	T	O	M	A	C	H	H	W
M	I	N	R	L	U	M	M	A
Y	T	E	M	C	S	L	W	R
R	N	Y	G	W	T	Z	O	D
P	P	J	Y	P	A	A	R	R
Z	O	Y	Q	O	R	R	T	I
S	E	V	Z	U	D	M	H	O
L	G	F	J	J	B	E	I	S
W	S	G	I	A	N	T	F	S
W	K	P	P	L	H	N	D	M
D	W	J	H	T	J	Y	Q	Q
S	P	E	L	L	I	N	G	S
O	R	M	R	X	A	M	J	K
M	O	H	K	A	Z	H	P	G
C	O	M	P	A	N	I	O	N
B	E	C	Y	J	F	B	Z	F
G	E	F	L	Z	U	L	R	R
F	R	I	E	N	D	W	R	N
S	A	B	Q	U	I	J	H	B
L	R	O	P	O	I	Z	R	G

7.

E	Q	E	G	U	P	C	L	N
X	H	S	H	V	A	W	N	Z
P	E	E	Q	G	R	K	I	L
L	L	V	F	F	A	I	Y	I
A	D	E	R	M	G	C	G	L
N	P	R	V	V	R	E	I	D
A	B	A	C	U	A	D	R	A
T	N	L	D	K	P	X	A	T
I	E	H	I	Z	H	Z	F	S
O	P	G	V	W	G	I	F	G
N	Y	R	N	T	V	C	E	A
K	D	E	L	I	V	E	R	Y
J	J	H	P	D	B	W	Q	P
A	R	G	U	M	E	N	T	W
K	Z	B	C	M	I	F	Y	P
F	I	A	W	A	U	M	X	F
Y	M	O	V	E	M	E	N	T
R	W	S	G	Q	U	C	N	Q
B	E	H	A	V	I	O	U	R
E	Y	P	U	F	A	U	F	K
Z	G	R	O	W	L	I	N	G
G	T	M	U	D	Q	N	L	H
N	P	F	G	S	I	V	D	B
S	U	P	E	R	V	I	S	E
B	Y	I	Y	O	N	K	C	J

10.

Z	C	E	X	F	L	S	Z	D
B	H	B	K	R	H	A	L	P
A	M	B	I	T	I	O	U	S
C	C	I	G	Q	G	I	M	H
E	Z	E	V	L	I	O	Z	P
X	P	X	S	I	N	D	O	A
P	K	T	E	G	J	M	D	R
E	E	R	Z	H	V	U	Q	T
R	O	A	E	T	B	S	V	I
I	E	V	A	N	R	H	Y	C
E	G	A	H	I	G	C	A	U
N	A	G	X	N	N	O	N	L
C	B	A	T	G	A	R	W	A
E	R	N	W	I	N	R	I	R
Q	M	T	W	Q	D	E	N	L
U	B	K	I	J	S	C	C	Y
A	R	M	O	U	R	T	R	G
Q	I	Q	Z	W	I	L	E	Z
V	G	B	I	Q	Y	Y	D	J
Z	W	U	N	U	U	R	I	N
C	A	N	C	E	L	S	B	N
W	V	M	M	R	E	A	L	H
C	H	K	Q	S	E	T	E	P
H	O	P	E	F	U	L	L	Y
L	C	M	X	B	V	X	E	E

8.

S	I	G	W	D	N	Z	C	F
C	L	I	P	C	Z	A	A	W
V	U	H	U	E	P	S	P	G
K	M	E	B	C	V	U	T	E
W	B	C	L	C	H	B	A	N
R	E	T	I	Y	V	O	I	Y
Q	R	X	S	A	E	R	N	J
H	J	Q	H	K	T	D	O	S
W	A	U	I	E	J	I	V	U
F	C	O	N	X	R	N	K	B
Z	K	T	G	C	R	A	Z	M
F	W	A	Z	I	B	T	D	A
E	P	T	K	T	A	E	C	R
N	U	I	B	E	M	F	U	I
V	E	O	I	M	A	C	O	N
I	B	N	N	E	P	G	S	E
R	P	M	N	N	D	I	T	J
O	G	V	P	T	I	B	N	U
N	G	Y	J	E	G	R	L	T
M	Q	M	E	U	U	V	E	N
E	W	U	P	Y	I	W	D	B
N	C	H	J	Y	W	Q	L	R
T	M	D	J	E	W	E	L	S
H	L	E	N	G	T	H	U	C
E	L	E	B	A	W	Y	U	D

11.

A	R	E	G	U	L	A	R	N
Y	F	P	O	O	U	R	J	N
A	L	U	C	V	M	E	B	A
C	N	N	H	E	I	G	D	T
C	E	C	W	R	A	I	E	E
O	U	T	G	W	E	E	S	L
R	H	V	H	Q	T	C	C	E
D	T	A	B	E	Q	R	E	C
A	B	T	W	L	M	A	G	O
N	Q	I	L	M	T	T	D	M
C	J	O	Y	I	S	I	D	M
E	H	N	P	N	P	O	I	U
H	D	Q	G	T	N	E	N	N
A	Q	L	U	M	A	B	J	I
W	R	X	B	H	K	G	X	C
E	M	P	H	A	S	I	S	A
N	Y	T	V	Z	F	H	W	T
X	V	T	R	U	T	H	I	I
Y	B	V	D	I	X	O	O	O
L	O	G	I	C	A	L	L	Y
E	X	D	Z	A	Z	B	W	P
G	R	F	O	R	E	I	G	N
L	N	C	H	G	X	A	C	Q
M	O	C	K	Y	A	L	I	L

9.

G	R	A	C	I	O	U	S	M
C	P	O	X	R	F	G	U	U
O	O	T	E	P	F	I	F	S
N	L	Q	S	H	I	H	V	I
F	I	H	P	Z	C	Z	W	C
I	T	L	E	A	A	K	K	I
D	I	U	C	Y	A	Y	T	A
E	C	F	I	U	L	Q	G	N
N	I	I	A	O	H	S	S	H
T	A	B	L	G	X	N	V	Y
I	N	A	L	O	D	L	M	D
A	H	K	Y	S	K	U	P	I
L	I	N	I	T	I	A	L	S
J	J	S	D	K	G	R	J	O
U	C	C	H	W	M	K	B	P
D	E	L	I	C	I	O	U	S
G	I	P	O	W	J	Q	B	I
R	Q	R	U	S	I	G	U	D
G	L	I	S	D	W	Y	U	G
F	J	N	G	X	P	M	N	Q
O	F	C	V	B	W	N	O	R
Q	H	E	L	T	V	A	J	E
G	B	S	J	A	A	S	I	M
E	G	S	H	Q	B	T	P	Q
N	N	N	Z	K	W	B	D	G

12.

E	N	O	U	G	H	U	F	C
X	N	A	C	Q	T	L	A	O
P	T	B	G	E	V	F	S	M
E	L	U	H	I	X	L	C	P
R	C	N	W	H	Y	C	I	R
I	U	D	W	L	C	N	N	E
M	D	A	B	Q	J	J	A	H
E	I	N	F	Z	J	D	T	E
N	Z	C	T	S	A	Q	I	N
T	C	E	H	K	O	P	N	S
G	M	C	I	Z	T	I	G	I
S	R	F	E	V	F	P	Y	O
D	I	N	O	S	A	U	R	N
G	C	Q	I	H	Z	K	T	Q
L	F	A	B	U	L	O	U	S
Q	L	D	G	Z	O	E	D	G
S	R	S	U	W	U	B	T	J
X	T	U	D	L	G	N	I	Q
F	K	N	B	B	E	Z	V	F
L	A	L	T	H	O	U	G	H
C	O	L	L	I	S	I	O	N
S	Z	V	U	Y	W	F	Z	L
H	F	U	R	T	H	E	R	C
Y	M	T	P	I	J	D	J	F
G	H	A	N	H	G	L	E	V

13.

C	L	I	M	B	E	D	R	A
I	O	P	U	K	Y	P	A	C
F	S	E	L	M	S	U	M	C
I	B	A	T	M	G	Y	A	I
I	E	C	I	J	D	H	R	D
V	G	E	P	X	C	B	V	E
K	N	F	L	V	P	C	E	N
G	T	U	I	A	H	K	L	T
Y	J	L	C	D	K	P	L	A
Q	O	L	A	N	P	H	O	L
M	H	Y	T	R	C	A	U	L
M	U	E	I	Y	T	U	S	Y
G	R	C	O	T	H	V	G	L
O	R	H	N	I	J	F	B	C
Q	I	U	N	G	G	Q	Q	K
G	E	R	S	A	F	V	N	N
F	D	D	G	B	Z	K	L	J
N	L	A	E	H	Q	L	Y	H
H	Y	Y	A	H	E	B	K	P
C	A	R	R	I	A	G	E	O
A	Y	Q	E	W	S	I	X	H
O	P	I	T	I	F	U	L	E
J	V	I	N	I	M	O	C	A
C	A	R	E	L	E	S	S	R
C	Z	C	F	V	R	Y	S	N

16.

U	G	K	U	L	S	G	B	Z
A	D	E	C	A	D	E	U	G
P	P	N	N	W	K	B	R	P
I	F	N	M	D	C	Q	G	Y
C	O	V	D	E	X	P	L	Q
I	R	I	H	S	O	O	A	B
N	E	N	T	E	U	I	R	U
N	H	T	B	R	B	S	J	Q
F	E	E	R	V	T	O	H	G
X	A	L	H	E	C	N	H	X
T	D	L	Q	O	O	O	F	W
R	Z	I	L	G	E	U	S	Y
D	L	G	W	R	W	S	A	L
S	K	E	R	W	V	L	I	J
V	Y	N	F	L	I	G	H	T
W	G	C	I	A	Q	L	U	R
G	B	E	W	V	R	T	B	V
E	W	M	V	K	N	Q	X	H
N	T	C	A	P	I	T	A	L
I	P	Y	F	O	G	I	L	I
U	X	Y	H	T	C	Y	Z	G
S	K	G	B	C	A	Y	W	D
R	G	E	N	E	R	O	U	S
T	K	W	E	V	Y	B	T	V
K	B	H	Y	W	U	A	S	Z

14.

S	A	G	G	I	N	G	Y	G
D	P	R	L	P	I	U	V	H
Q	L	J	F	G	O	A	P	M
I	E	I	Y	N	N	K	L	H
E	N	H	A	H	U	J	R	M
U	T	B	A	L	L	O	O	N
K	I	O	M	T	R	B	Z	B
I	F	R	N	V	K	B	W	K
I	U	L	X	U	S	U	T	R
Z	L	T	Q	G	P	T	I	S
C	O	N	S	C	I	O	U	S
N	F	E	R	C	G	T	G	N
C	P	N	E	F	R	Q	Q	I
O	K	T	L	G	G	J	G	G
W	O	R	E	X	A	K	M	H
A	K	A	A	Q	B	P	E	T
R	X	N	S	B	J	L	O	I
D	F	C	E	E	B	Z	E	N
T	C	E	B	K	Q	N	B	G
Q	S	C	A	R	C	E	E	A
G	T	X	B	U	H	J	Z	L
H	U	M	M	I	N	G	A	E
E	S	O	I	O	L	M	Y	Q
B	K	S	E	T	K	T	G	T
B	N	Y	N	M	J	A	I	E

17.

G	A	O	M	U	O	L	P	K
E	M	U	P	M	P	X	M	I
X	P	O	E	V	O	T	J	N
P	H	D	R	H	N	B	D	H
E	I	V	M	T	D	G	R	A
N	B	V	A	K	E	V	M	B
S	I	P	N	R	R	G	I	I
I	A	L	E	D	E	V	S	T
V	N	N	N	E	D	K	C	E
E	K	P	T	S	O	U	E	D
P	G	R	L	T	S	R	L	T
Z	Q	E	Y	I	R	Q	L	H
Y	I	V	I	N	C	D	A	I
Z	E	O	O	A	V	N	N	O
U	O	L	D	T	B	T	E	T
X	O	V	J	I	U	E	O	Y
K	M	I	V	O	U	I	U	H
W	A	N	Q	N	A	X	S	L
R	I	G	U	R	D	D	Y	T
H	P	X	V	T	H	I	E	F
E	Y	D	W	M	C	B	H	Y
Y	R	G	H	N	W	R	A	Z
C	A	L	C	U	L	A	T	E
V	W	A	F	B	Y	T	Y	G
X	M	L	W	P	B	G	N	O

15.

D	I	A	M	O	N	D	A	A
K	N	N	Q	T	I	E	D	D
R	L	X	Z	U	R	A	O	V
E	T	I	C	N	M	T	P	E
C	E	O	O	N	F	N	T	N
O	M	U	P	E	N	X	I	T
G	P	S	P	L	X	S	O	U
N	E	Z	F	T	T	Z	N	R
I	R	A	U	R	T	L	I	E
S	A	K	F	H	B	P	X	N
I	T	Z	X	D	R	O	V	M
N	U	K	E	W	G	V	S	A
G	R	A	C	U	O	Z	X	T
R	E	J	M	Z	K	T	S	H
S	E	P	A	R	A	T	E	E
H	D	Z	L	K	M	B	C	M
B	X	E	F	M	K	X	U	A
A	R	L	E	I	R	H	P	T
K	M	U	R	K	U	R	E	I
E	T	U	U	Y	Z	X	X	C
G	N	L	E	C	A	G	B	S
V	L	X	F	S	E	Q	Y	C
B	E	H	A	V	I	O	U	R
Z	G	M	V	W	W	R	F	J
D	E	N	D	M	V	J	U	I

18.

U	I	B	N	U	K	Y	M	L
N	Q	I	P	W	L	G	L	I
E	H	M	I	A	A	I	J	T
A	M	L	N	E	H	S	J	E
S	U	T	T	W	D	U	Y	R
I	N	E	E	Y	B	B	W	A
N	A	L	R	O	K	T	Y	T
E	C	H	V	P	O	R	B	U
S	C	P	E	P	Y	A	Q	R
S	E	S	N	O	B	C	C	E
N	P	M	T	R	O	T	I	J
E	T	R	I	T	A	I	R	S
D	A	O	U	U	S	O	Y	Z
U	B	T	N	N	T	N	E	C
U	L	O	L	I	F	G	E	A
I	E	F	B	T	U	T	D	H
Y	U	D	Y	Y	L	W	L	K
V	L	Y	Q	Z	N	U	V	G
X	D	N	X	O	E	V	U	P
S	Z	J	R	T	S	T	M	H
O	E	S	P	E	S	T	Y	H
G	L	A	M	O	R	O	U	S
E	X	P	E	N	S	I	V	E
S	S	Q	Q	G	N	T	B	D
D	I	N	F	O	R	M	A	L

118

19.

D	K	Q	H	B	Y	B	J	L
A	O	P	P	O	N	E	N	T
O	C	F	E	O	X	C	G	A
X	K	A	R	B	J	J	M	B
I	H	S	N	J	F	N	I	A
E	V	C	Y	C	I	K	L	N
L	B	I	I	O	Q	S	L	D
S	P	N	Q	M	Z	P	I	O
C	C	A	F	P	V	M	O	N
O	A	T	P	U	B	M	N	X
M	C	I	K	L	J	Z	A	W
P	X	N	B	S	S	P	I	T
E	F	G	Y	O	K	R	R	I
T	C	U	W	R	P	X	E	T
I	D	F	T	Y	I	Q	D	Q
T	L	W	E	A	L	T	H	Y
I	L	B	L	H	I	L	B	Q
O	H	R	U	X	A	R	M	I
N	H	I	M	V	E	W	L	C
R	H	I	G	H	W	A	Y	Y
A	D	V	E	R	S	A	R	Y
L	A	K	I	T	T	E	N	S
S	D	E	V	N	L	P	W	Z
F	U	H	R	A	H	E	Q	U
K	B	C	K	P	I	J	Z	I

22.

B	B	M	A	R	I	N	E	U
N	G	L	X	G	X	P	L	P
B	S	B	R	E	T	B	E	E
B	U	H	S	M	B	P	Z	N
C	B	I	N	T	E	N	D	I
E	M	G	D	K	F	V	V	N
O	E	R	Y	Z	N	M	I	S
Q	R	H	O	A	R	S	E	U
V	G	A	U	C	U	P	R	L
I	E	B	U	T	E	M	O	A
M	O	N	U	M	E	N	T	X
F	Y	S	L	C	C	V	N	A
Y	H	D	J	X	D	N	R	S
A	B	S	O	L	U	T	E	T
S	U	M	B	Z	O	M	L	R
W	S	I	H	F	N	T	H	O
X	I	Y	I	K	D	T	P	N
F	A	G	V	I	I	X	N	O
Y	F	Y	X	Z	W	K	F	M
N	U	N	I	V	E	R	S	E
T	X	F	I	Y	G	X	X	R
S	U	N	S	D	Z	Z	J	T
Y	P	R	O	V	E	R	B	B
N	B	P	C	B	X	R	N	P
A	X	T	L	H	L	F	Q	Y

20.

I	Q	L	K	O	N	O	M	A
J	B	E	I	G	E	S	R	K
W	N	C	O	M	E	D	Y	L
T	K	Z	H	W	H	D	G	G
G	C	G	S	C	E	N	E	S
P	O	F	H	R	O	D	E	I
C	N	V	A	L	L	E	Y	Y
A	F	Q	I	K	A	B	B	E
U	U	I	D	T	V	A	P	A
T	S	O	K	E	H	T	O	Z
O	I	Z	N	R	A	T	B	X
B	O	Z	V	M	N	E	Y	Z
I	N	J	S	I	O	R	T	M
O	U	H	I	N	O	I	F	B
G	Q	B	U	U	Z	E	G	R
R	M	P	O	S	K	S	R	F
A	K	O	Z	L	F	R	E	R
P	L	W	I	A	F	D	D	D
H	K	E	Z	Z	R	H	H	G
Y	Z	R	I	T	K	A	A	Y
Z	E	F	X	Z	K	W	Z	N
D	B	U	M	K	P	Q	A	L
G	V	L	F	N	P	W	R	K
S	D	D	H	C	J	E	D	V
H	M	Y	B	J	P	B	Z	R

23.

H	D	Z	P	Z	V	E	U	I
U	R	O	A	G	E	N	C	Y
M	G	V	V	Q	L	R	J	J
O	G	W	M	F	F	U	B	H
U	T	R	U	A	N	T	A	D
R	W	X	D	E	T	A	C	H
S	P	E	C	I	M	E	N	C
J	Q	F	A	O	E	E	P	O
I	A	G	C	M	H	M	L	N
W	D	U	R	A	N	R	J	S
T	W	P	O	N	C	O	Q	T
K	O	H	G	T	X	B	K	E
D	B	O	G	E	X	N	M	L
O	S	L	T	L	H	T	Z	L
R	W	S	P	P	P	T	A	A
U	W	T	M	I	P	U	E	T
O	H	E	M	E	K	S	N	I
R	D	R	I	C	F	D	O	O
I	A	Y	J	E	W	O	R	N
G	S	V	U	U	L	K	R	T
I	O	Q	K	L	N	O	G	N
N	A	F	G	I	P	N	L	B
A	Q	B	G	Q	E	W	B	M
L	H	M	A	N	S	I	O	N
J	L	U	L	K	X	E	X	Z

21.

R	C	M	R	E	B	G	J	Z
S	L	D	H	K	T	P	A	G
C	A	G	H	C	Q	W	X	E
I	R	T	H	E	A	T	R	E
E	I	D	I	B	R	Q	S	O
N	F	Z	S	W	U	S	H	K
T	I	S	U	D	D	U	Q	Z
I	C	Y	B	R	N	C	A	B
F	A	Y	O	K	A	C	M	Q
I	T	O	R	H	G	E	P	R
C	I	V	D	U	R	S	O	D
A	O	A	I	M	B	S	F	W
M	N	H	N	F	H	F	N	N
A	B	U	A	A	C	U	K	O
Z	Z	I	T	D	G	L	D	B
E	X	W	E	V	S	L	T	S
M	D	I	E	U	F	F	E	E
E	C	K	D	O	G	U	P	R
N	O	U	M	S	Z	O	H	V
T	O	T	S	S	D	X	C	A
F	I	U	U	T	F	I	V	T
S	C	H	E	D	U	L	E	I
M	A	G	I	C	I	A	N	O
W	S	C	H	O	L	A	R	R
Z	Y	U	W	I	S	W	T	H

24.

K	X	Q	T	N	Q	F	X	Y
W	D	I	M	I	N	I	S	H
C	O	N	F	U	S	I	O	N
R	D	I	O	Y	P	Z	L	D
F	E	M	M	I	Z	N	R	N
O	R	W	I	G	T	C	V	O
U	K	H	S	R	G	O	J	V
N	G	P	F	X	V	N	B	E
D	J	C	O	P	X	S	G	L
A	L	O	R	M	O	P	C	I
T	N	N	T	G	M	I	O	S
I	M	C	U	A	B	C	N	T
O	P	E	N	P	R	U	T	K
N	I	N	E	O	O	O	I	C
H	W	T	R	L	X	U	N	A
B	O	R	R	O	B	S	U	O
R	N	A	U	G	R	F	O	S
U	Y	T	H	E	Y	K	U	P
N	S	A	T	F	F	S	U	I
I	Z	O	R	I	U	O	P	V
X	X	N	M	C	E	A	P	E
B	Z	Z	A	P	N	D	W	N
N	E	I	G	H	B	O	U	R
I	P	G	J	F	E	E	D	G
Z	F	I	H	W	X	Z	Y	I

25.

Y	Q	U	A	R	R	E	L	A
Z	S	X	P	H	H	D	K	V
T	W	E	L	F	T	H	S	Y
Z	A	D	I	S	J	W	U	S
P	S	P	R	G	R	H	P	Q
S	C	S	A	L	T	Q	E	Q
Z	V	V	K	N	I	K	R	G
O	M	H	L	C	X	A	B	Y
R	U	T	H	L	E	S	S	P
U	U	H	W	P	J	P	F	C
M	X	T	Y	D	D	E	R	O
O	K	O	S	C	Z	Q	V	N
N	H	R	R	O	M	M	U	G
A	H	N	H	M	Y	A	B	R
R	O	A	F	P	R	S	U	E
C	P	D	I	R	E	S	V	G
H	P	O	B	I	E	A	F	A
F	O	A	U	S	P	C	R	T
H	N	O	F	E	B	R	O	I
R	E	H	K	A	P	E	Z	O
K	N	L	Q	D	G	Z	W	N
B	T	D	O	D	M	U	F	I
X	M	A	Z	I	G	Y	Z	D
U	B	J	P	H	J	X	R	U
R	L	T	F	Y	Z	B	T	O

28.

R	R	G	U	A	L	X	K	Y
D	E	S	P	E	R	A	T	E
F	A	D	S	Q	P	O	H	E
U	G	R	P	N	A	C	O	X
B	G	J	N	O	C	X	L	C
H	R	U	E	U	C	F	U	L
Q	E	X	U	I	E	S	F	A
X	S	D	M	O	L	Y	S	M
R	S	A	A	W	E	P	V	A
K	I	I	T	R	R	R	P	T
Q	V	M	I	E	A	A	Q	I
S	E	P	C	C	T	D	V	O
Q	V	R	Z	K	E	W	O	N
H	N	E	J	A	F	H	T	B
I	V	S	L	G	F	Y	C	V
N	R	S	N	E	S	L	R	N
E	F	I	E	M	T	J	W	J
X	B	O	W	Z	I	L	B	O
P	G	N	Z	G	P	Z	B	S
E	H	Q	V	H	F	X	G	B
N	S	M	O	U	L	D	E	R
S	X	W	S	H	L	D	L	Z
I	X	F	G	L	J	O	J	Y
V	E	S	G	A	P	F	G	L
E	F	X	G	A	Q	O	P	T

26.

H	T	N	S	I	G	L	I	F
V	H	Z	P	W	P	A	M	J
E	C	S	E	Y	A	E	P	Q
N	P	Z	D	G	T	E	R	I
G	O	H	E	A	H	M	O	V
E	K	L	S	R	E	D	B	E
A	C	A	T	A	T	W	A	K
N	A	B	R	Y	I	R	B	U
C	F	L	I	V	C	T	L	P
E	F	N	A	A	A	R	E	H
W	E	Z	N	R	F	A	W	U
W	C	U	S	I	D	V	Z	F
K	T	K	W	A	B	E	F	B
Z	I	F	K	B	A	L	T	F
Y	O	J	Q	L	Y	L	K	Z
X	N	R	Z	E	F	E	F	S
I	A	P	S	S	X	R	X	P
H	T	U	N	D	S	R	I	B
Q	E	S	C	A	N	D	A	L
J	U	W	X	W	I	W	C	T
J	T	I	A	O	T	C	I	G
J	I	E	L	E	G	A	N	T
N	I	K	L	G	H	E	Y	Y
C	M	U	S	I	P	E	O	X
C	O	M	M	E	N	C	E	E

29.

O	Q	P	Q	M	C	U	Y	F
T	Q	K	B	X	D	M	H	C
H	L	W	W	Y	W	A	M	T
F	Y	Q	C	O	E	H	X	F
S	C	N	E	R	G	O	A	S
W	A	K	R	X	L	G	K	X
G	T	Y	E	U	C	A	X	W
L	A	S	A	S	T	N	B	Q
U	S	V	L	Y	N	Y	Z	E
A	T	D	W	C	E	K	G	G
K	R	Z	F	K	E	D	T	D
Q	O	U	X	Y	G	I	F	F
C	P	H	O	W	K	P	A	S
O	H	G	F	N	K	R	W	I
M	E	H	M	I	T	I	I	N
P	Y	X	C	S	M	E	E	F
A	S	N	V	P	E	M	X	L
N	Z	B	V	I	T	A	L	A
I	O	T	G	L	C	U	W	M
O	I	F	Y	B	M	H	F	M
N	N	P	O	L	L	E	N	A
P	S	H	R	I	V	E	L	B
F	I	H	M	P	A	P	E	L
B	R	O	C	C	O	L	I	E
N	R	E	S	E	A	R	C	H

27.

D	K	W	S	O	M	B	R	E
I	G	E	Y	S	E	R	S	K
S	B	D	O	C	E	T	C	V
T	M	T	L	K	R	E	O	G
R	P	R	O	H	I	B	I	T
I	G	Q	I	Z	K	Z	K	O
B	R	H	O	A	R	D	H	W
U	I	L	G	U	H	O	I	M
T	A	D	I	M	F	B	P	T
I	D	X	M	I	J	O	P	B
O	V	J	M	Y	Q	L	O	P
N	I	K	I	S	Q	V	P	P
Z	S	B	G	P	I	Y	O	R
X	A	P	R	U	U	T	T	T
S	B	X	A	C	G	K	A	W
S	L	R	N	J	T	I	M	B
B	E	S	T	O	D	R	U	W
Q	G	B	H	D	N	C	S	F
T	G	D	H	M	G	C	A	G
F	O	R	E	I	G	N	E	R
U	X	D	E	O	V	H	S	K
Q	B	V	W	E	T	I	O	O
F	O	R	E	I	G	N	W	X
N	Q	V	C	W	R	Q	H	S
S	O	F	E	V	T	N	T	G

30.

V	L	O	R	Q	B	E	D	K
D	E	C	I	D	U	O	U	S
N	Q	C	E	G	S	B	U	W
A	U	L	B	T	I	T	U	P
T	I	H	Z	I	N	P	P	D
U	V	M	W	O	E	Y	K	P
R	A	J	D	X	S	B	U	E
A	L	L	A	B	S	I	N	R
L	E	K	Q	Y	H	L	U	F
I	N	L	E	P	E	K	M	O
S	T	X	X	O	A	K	N	R
T	F	U	W	B	P	B	D	A
C	L	L	P	S	P	H	K	T
V	Q	B	S	T	A	C	L	E
T	Q	A	F	R	R	W	Y	Y
Z	D	C	Y	U	E	E	F	F
N	D	T	T	C	N	K	E	G
P	F	E	W	T	T	I	J	K
U	R	R	B	F	L	Y	P	Z
M	F	I	G	F	Y	D	O	V
R	J	A	X	L	R	G	D	U
B	M	B	B	R	U	B	B	A
B	Q	L	M	H	T	Q	L	L
I	N	D	I	G	N	A	N	T
R	Q	G	E	R	T	D	V	X

31.

C	D	C	J	D	D	G	S	K
Z	C	O	O	M	O	V	U	W
J	O	M	Q	H	T	Y	P	S
O	R	M	P	G	A	C	E	A
J	R	E	H	Q	L	O	R	W
J	E	N	G	Y	L	K	S	T
P	S	T	P	I	E	J	T	A
X	P	A	E	A	R	Q	I	N
A	O	R	E	G	G	V	T	P
N	N	Y	T	L	I	S	I	S
K	D	K	Z	Y	C	P	O	Q
L	E	I	Q	C	C	C	U	S
B	N	M	Q	O	E	C	S	S
A	C	R	E	M	L	H	S	T
S	E	A	K	M	W	H	M	B
S	U	C	C	E	S	S	O	R
O	I	M	E	N	M	L	N	P
C	F	O	B	T	L	H	O	R
I	L	N	A	A	J	Z	T	J
A	K	G	C	T	P	Y	O	B
T	H	R	D	O	M	A	N	D
I	U	E	S	R	A	C	O	C
O	E	L	I	C	G	N	U	V
N	T	K	K	H	H	B	S	O
E	V	C	A	S	T	H	M	A

34.

N	P	E	R	S	O	N	A	L
N	Q	S	I	Z	X	X	M	P
S	Z	C	R	O	M	S	W	U
L	I	B	E	R	A	L	O	K
Q	N	E	X	Y	V	Z	W	O
H	F	S	J	W	C	W	J	E
F	E	S	T	I	V	A	L	D
B	R	O	A	Q	W	V	O	E
D	E	T	E	R	M	I	N	T
K	Q	T	K	I	L	L	N	E
P	D	A	C	D	P	L	P	R
R	E	M	O	V	A	L	W	M
S	C	K	Y	T	M	R	F	I
Y	L	E	B	D	L	S	I	N
Y	I	T	B	G	X	K	Z	A
B	N	G	R	B	S	W	A	T
A	E	Z	N	E	X	N	A	A
C	R	I	M	I	N	A	L	O
O	L	M	W	K	M	C	Q	N
C	X	I	E	W	K	B	E	C
V	D	E	C	L	A	R	E	R
D	E	C	R	E	A	S	E	C
L	G	I	B	L	Y	W	B	C
K	V	Z	F	E	O	U	F	Q
P	V	G	B	J	M	Z	O	Z

32.

R	I	A	J	N	M	D	R	O
Q	N	P	X	P	C	E	L	I
E	P	P	G	H	R	P	J	S
O	H	E	G	K	V	A	R	A
U	Y	N	O	U	C	R	H	C
S	S	D	P	P	M	T	K	C
I	I	I	G	A	K	M	Y	O
N	C	C	T	V	I	E	H	M
F	I	I	K	I	L	N	K	M
E	A	T	N	L	B	T	P	O
C	N	I	F	I	X	D	A	D
T	E	S	K	O	P	R	K	A
I	L	K	U	N	S	D	N	T
O	H	J	E	C	D	D	N	I
U	Y	G	M	U	W	M	L	O
S	G	S	U	R	G	E	O	N
I	I	H	M	J	I	I	J	K
O	E	B	Q	B	P	Z	G	A
J	N	H	R	Q	R	H	R	W
Q	E	Y	T	F	O	Q	D	G
M	A	S	S	E	M	B	L	E
C	E	R	E	M	O	N	Y	J
R	E	X	K	Q	D	C	I	E
J	X	W	L	C	A	C	Y	Q
Z	I	T	E	B	M	V	C	S

35.

M	P	O	R	T	I	O	N	T
W	R	Z	E	M	V	X	G	T
K	O	Y	I	U	S	B	X	L
Q	P	U	N	O	D	R	E	Y
U	O	K	T	F	F	U	N	D
X	R	C	R	H	H	A	V	U
Z	T	N	O	M	I	N	O	R
S	I	P	D	A	I	E	D	I
W	O	R	U	J	O	A	H	U
V	N	O	C	O	V	W	Z	P
Q	V	T	T	R	T	J	R	R
Y	B	E	I	L	P	T	H	M
P	Q	C	O	V	O	R	D	U
R	M	T	N	B	S	A	Z	M
O	Z	I	Y	X	R	I	I	R
D	S	O	A	G	V	T	Z	U
U	W	N	G	M	P	O	U	M
C	W	W	Y	C	E	R	E	A
T	E	Y	R	L	I	Z	X	J
I	R	V	B	V	D	W	J	O
O	G	X	F	A	E	T	L	R
N	N	Y	S	Z	C	U	Q	I
Z	J	I	P	E	V	V	Y	K
N	P	T	C	N	W	M	D	Y
V	J	B	M	K	K	Z	E	E

33.

A	G	G	R	X	Y	O	C	I
B	W	I	T	H	E	R	E	D
R	V	C	B	A	Y	M	I	L
X	Q	A	F	S	X	V	M	S
R	F	L	V	T	F	E	R	H
L	W	C	K	R	S	C	R	R
H	M	U	S	E	U	M	K	I
A	D	L	H	S	G	P	C	V
L	P	A	V	C	G	V	L	E
T	W	T	Z	U	E	M	M	L
A	C	I	D	E	S	U	N	L
H	O	O	E	U	T	G	H	E
K	N	N	A	O	I	B	A	D
C	N	N	T	A	O	L	M	G
O	E	K	Q	V	N	W	R	R
U	C	K	M	F	Z	B	B	T
R	T	B	X	N	M	V	T	D
A	I	F	S	O	V	Z	J	W
G	O	L	G	B	V	C	P	C
E	N	E	L	A	H	B	J	J
O	N	V	V	Q	P	X	X	O
U	W	E	L	F	A	R	E	P
S	M	U	B	C	C	S	C	G
U	Y	P	I	T	I	F	U	L
M	K	E	I	B	F	C	G	S

36.

D	B	O	H	U	R	H	P	I
K	B	A	G	R	E	A	T	Y
I	U	J	R	X	N	E	D	A
H	Z	R	E	P	G	T	Y	N
I	F	P	E	I	I	M	Y	N
I	E	R	C	G	N	J	Y	O
Z	K	U	E	O	E	Y	J	U
P	I	O	N	E	E	R	N	N
I	F	N	P	N	R	T	Y	C
U	K	N	A	E	B	Q	Z	E
P	I	N	C	F	X	Y	B	Y
J	N	J	C	U	X	N	S	J
P	Q	K	U	W	C	A	R	Q
C	Z	M	S	Y	L	N	B	H
V	J	Z	T	J	D	J	A	W
Z	C	A	O	X	T	F	C	F
H	T	P	M	I	M	P	C	C
S	X	Y	E	V	Z	Z	U	A
V	L	I	D	K	U	G	S	R
A	C	C	U	R	A	T	E	E
Z	P	G	U	X	J	E	T	E
K	K	Z	A	G	U	J	I	R
E	A	Z	M	R	D	K	Z	G
A	D	D	I	T	I	O	N	X
Y	P	U	N	O	G	G	C	T

37.

A	R	I	C	C	Y	Q	I	R
N	I	N	S	T	R	U	C	T
O	N	S	G	Z	C	D	K	Q
H	S	E	Y	W	K	E	E	N
B	U	R	A	O	W	R	V	D
L	L	T	H	D	W	X	L	O
G	T	O	B	F	P	M	F	E
G	W	J	A	V	E	T	Y	O
H	I	C	U	S	H	I	O	N
O	X	Q	D	M	E	N	S	B
S	D	S	T	V	T	C	P	K
T	O	H	V	G	X	O	Z	H
X	I	X	B	T	J	M	R	S
L	A	M	P	T	U	E	E	T
L	P	M	R	D	Y	F	Z	O
V	L	W	G	F	N	E	A	Q
S	K	E	L	E	T	O	N	S
C	F	P	V	Z	C	G	T	W
X	Q	E	F	M	Z	S	M	N
J	X	U	Q	C	D	Y	Y	I
D	O	E	F	X	J	J	F	U
I	F	S	I	N	J	U	R	E
I	N	J	U	R	Y	M	K	H
S	T	U	O	P	K	Q	X	N
K	I	X	E	K	A	E	T	F

40.

S	B	D	D	V	B	I	Q	X
V	D	R	D	S	G	Z	R	Y
U	P	E	G	G	P	I	T	Z
O	R	N	A	M	E	N	T	L
C	O	S	Z	K	G	S	R	W
U	M	F	N	T	D	T	E	R
L	I	H	Q	E	Z	R	A	J
T	N	R	K	M	R	U	T	Y
U	E	X	K	P	R	M	M	C
R	N	V	A	E	T	E	E	S
E	T	C	G	R	E	N	N	V
Z	L	E	R	A	M	T	T	T
Q	I	A	I	T	P	E	J	R
U	K	O	C	E	E	F	C	E
E	D	J	U	Q	R	W	M	A
Q	P	A	L	X	A	E	D	T
S	N	A	T	M	T	G	T	Y
H	T	D	U	K	U	D	U	P
J	N	R	R	Q	R	B	M	O
R	O	F	E	T	E	F	E	W
V	O	C	U	F	O	F	X	G
V	K	K	V	X	F	H	K	Q
E	C	X	P	K	A	C	L	X
Z	R	D	A	Z	E	Y	U	N
L	E	C	T	U	R	E	K	J

38.

R	S	P	T	Q	P	G	U	E
V	C	Z	E	F	C	F	T	D
H	E	S	I	T	A	T	E	E
D	R	E	F	T	N	H	K	L
E	T	U	R	Y	D	U	S	I
X	I	D	A	W	I	L	C	C
P	F	J	G	Z	D	D	I	A
E	I	D	M	U	A	A	X	T
R	C	W	E	X	T	V	H	E
I	A	H	N	D	E	A	U	W
M	T	H	T	I	H	C	V	J
E	E	F	S	Z	W	J	L	M
N	V	V	H	G	A	M	H	C
T	J	W	T	B	M	R	L	O
C	O	N	T	I	N	E	N	T
K	I	W	R	D	X	G	Y	H
T	L	V	C	M	G	I	E	L
U	X	H	X	A	M	M	Y	K
D	S	F	J	W	F	E	I	F
I	A	T	M	C	A	N	C	X
M	C	E	M	E	N	T	A	E
N	H	X	M	T	U	J	T	L
S	Q	N	V	M	H	L	K	T
N	A	V	I	G	A	T	E	F
O	H	H	M	G	H	B	I	I

41.

D	F	T	N	T	S	V	Y	O
P	Z	Z	E	Q	W	V	B	M
R	N	E	R	V	O	U	S	J
O	Z	I	U	X	Q	O	W	J
S	C	C	L	V	T	R	L	V
P	W	C	I	C	C	I	S	C
E	F	O	N	P	M	D	K	D
R	C	U	P	U	S	I	P	B
O	R	C	H	N	F	C	B	X
U	F	H	W	C	U	U	E	P
S	H	S	S	T	U	L	A	T
U	T	E	Z	U	Z	O	H	P
I	R	C	G	R	N	U	C	S
E	E	H	I	E	J	S	F	D
N	M	J	E	A	L	O	U	S
V	E	R	I	F	T	F	A	T
J	N	R	Q	J	M	C	A	B
A	D	X	R	E	C	E	N	T
P	O	M	I	T	B	A	T	Z
L	U	E	A	J	Z	W	R	S
Y	S	H	R	Z	U	Q	S	A
Y	K	V	O	L	C	A	N	O
R	E	C	E	N	T	L	Y	P
J	F	X	H	T	R	F	H	M
G	K	R	C	P	B	P	G	B

39.

C	Y	Z	B	Q	A	U	P	B
M	A	C	D	G	W	H	E	A
V	V	L	E	F	W	C	V	G
S	E	I	B	S	C	T	F	A
M	R	C	A	Y	O	P	U	R
K	A	Y	T	S	N	S	E	A
X	G	E	E	W	F	M	L	G
O	E	X	I	B	I	T	I	E
S	B	S	T	U	D	E	N	T
T	V	O	J	O	E	Q	S	X
M	W	W	H	U	N	W	S	F
Q	I	Y	L	E	T	U	O	U
D	G	F	Q	V	B	N	A	B
I	N	C	A	M	E	R	A	F
S	L	J	G	G	Z	Z	Q	O
C	Z	V	P	I	R	E	L	V
O	S	J	D	R	U	R	Q	P
U	B	A	G	G	A	G	E	I
R	N	C	X	K	V	Y	S	K
A	H	X	K	Q	C	J	T	X
G	V	X	H	U	S	S	R	I
E	C	C	R	E	M	E	D	Y
W	N	I	A	N	O	K	X	M
V	O	H	V	Y	S	S	B	M
E	B	G	S	T	A	G	E	I

42.

Z	U	D	T	J	Q	H	W	O
B	B	H	C	D	T	R	X	I
J	R	I	F	L	E	O	H	D
G	E	R	X	D	W	U	X	K
Z	Z	L	P	A	A	T	J	G
Y	C	G	J	J	V	E	T	O
S	E	N	S	I	B	L	E	E
A	Z	G	I	Z	N	A	X	P
T	I	V	I	S	I	B	L	E
T	N	F	G	O	P	U	K	V
E	V	N	N	T	L	N	C	K
N	I	V	O	D	R	D	C	W
D	S	L	R	B	B	A	J	N
A	I	R	A	Y	O	N	N	R
N	B	I	N	G	S	C	N	E
C	L	P	C	F	T	E	T	S
E	K	E	A	M	E	H	P	P
O	Y	H	I	G	Z	O	R	O
I	G	N	O	R	A	N	T	N
L	T	F	O	J	C	I	J	S
P	R	M	H	O	M	H	D	I
N	H	I	U	K	F	B	N	B
V	A	H	H	M	R	X	L	L
O	Y	U	E	H	P	V	S	E
J	Y	G	A	X	H	T	G	T

43.

P	C	E	I	L	I	N	G	H
A	J	Y	D	F	P	T	A	X
A	D	E	C	E	I	T	P	C
N	E	A	A	A	X	Z	P	U
P	C	M	U	R	G	B	E	C
E	E	D	Z	T	L	B	A	D
R	I	E	H	H	V	D	R	S
C	T	G	A	Q	F	W	A	N
E	F	R	V	U	O	J	N	I
I	U	Q	C	A	A	Y	C	G
V	L	B	P	K	Z	J	E	I
E	B	C	D	E	D	B	W	I
D	G	B	A	C	N	S	B	F
B	S	G	H	K	J	L	R	T
I	N	W	S	P	T	H	Y	R
K	W	I	F	A	P	W	R	D
U	B	T	H	A	T	R	E	D
S	A	C	R	E	D	E	W	A
I	C	H	M	J	X	T	S	Y
S	H	K	A	C	C	C	Y	N
T	O	T	G	S	N	H	K	T
B	S	J	H	C	I	E	H	L
U	B	K	L	F	F	D	Y	K
E	R	U	C	W	P	C	C	W
V	J	H	V	R	W	W	K	F

46.

A	J	V	W	C	H	O	I	R
T	F	S	I	R	G	B	S	L
H	L	G	N	P	A	G	K	G
L	D	I	S	A	S	W	C	S
E	V	S	U	X	S	I	O	H
T	A	E	R	K	I	R	S	I
I	C	I	A	O	S	Q	X	B
C	A	H	N	A	T	U	Y	F
G	N	H	C	Q	A	F	B	R
P	T	Z	E	Y	N	F	M	A
H	Y	A	K	G	C	K	M	G
U	S	A	H	C	E	B	L	R
K	T	G	T	N	P	F	H	A
D	O	M	E	S	T	I	C	N
G	Z	A	N	I	F	J	X	T
U	V	Q	A	M	O	G	Z	B
U	N	O	N	Q	T	I	V	N
R	F	I	T	F	I	C	G	K
O	Y	F	V	E	M	U	G	U
H	E	R	O	I	C	J	K	J
V	E	T	Y	R	A	N	T	D
C	T	H	H	T	F	P	J	O
E	A	I	F	U	E	H	X	V
R	O	R	F	I	U	V	K	G
Q	B	C	B	N	E	Q	W	D

44.

W	R	I	N	K	L	E	S	A
C	G	K	A	C	Q	G	R	T
O	T	T	T	K	L	C	V	E
N	E	C	I	T	C	O	M	L
V	L	K	O	N	A	N	C	E
E	E	R	N	Q	T	S	O	S
R	V	S	A	C	H	I	N	C
S	I	T	L	K	E	D	F	O
A	S	S	S	Y	D	E	H	P
T	I	L	I	A	R	R	E	E
I	O	V	P	C	A	A	F	U
O	N	F	R	K	L	T	S	Q
N	U	G	I	W	S	I	O	A
U	X	K	N	I	M	O	N	M
H	N	I	C	L	Y	N	B	J
Q	G	L	I	A	P	T	L	A
K	B	O	P	N	A	M	Y	Y
U	J	G	A	L	Z	Z	X	K
M	H	R	L	Y	H	J	K	E
T	O	A	I	U	P	A	I	N
G	E	M	F	V	L	A	S	S
Q	S	M	W	D	S	A	A	A
C	A	E	K	M	T	Q	R	I
U	V	F	S	E	Z	O	H	D
B	W	J	Y	Y	L	D	I	Y

47.

Y	N	X	D	H	I	U	C	V
E	M	A	J	E	S	T	I	C
L	L	B	W	X	O	R	G	O
E	D	R	Q	T	H	O	B	D
G	I	R	R	Y	P	N	D	D
A	Z	E	X	A	G	I	T	R
N	D	M	W	V	U	C	Q	C
T	N	E	I	A	D	S	E	I
S	L	M	E	G	Z	A	S	R
T	G	B	R	A	S	X	P	C
U	I	R	T	N	P	D	B	U
U	P	A	F	T	I	T	E	M
G	D	N	C	Q	L	Z	V	S
L	H	C	G	A	Y	R	S	T
I	H	E	L	O	N	G	R	A
L	O	S	P	T	I	D	P	N
I	D	E	A	L	L	N	M	C
C	P	I	L	O	T	G	F	E
Y	I	D	I	N	X	Z	U	I
V	J	V	A	U	O	O	D	M
O	Z	B	L	R	L	L	H	S
U	P	I	S	T	O	L	S	A
L	M	F	K	E	X	V	C	T
O	Q	G	A	Y	C	Z	O	S
J	A	C	B	V	M	H	L	U

45.

W	U	B	P	C	E	N	V	A
J	P	B	Z	O	E	V	U	C
Q	H	F	P	N	D	E	L	O
P	O	A	V	T	Z	N	P	M
M	T	T	J	I	S	T	C	B
C	O	A	Z	N	Y	I	B	I
X	G	L	G	U	U	L	R	N
P	R	Y	G	A	U	A	L	A
P	A	Q	J	L	F	T	H	T
U	P	J	G	L	A	I	B	I
N	H	K	F	Y	H	O	H	O
C	B	Y	M	E	D	N	G	N
T	U	Y	P	H	R	A	S	E
U	Z	O	L	L	S	E	O	W
A	P	H	Y	S	I	C	A	L
L	G	A	Y	J	A	O	S	L
Q	H	H	O	W	L	D	P	I
D	S	E	C	T	I	O	N	N
F	I	U	D	G	V	C	Y	T
V	G	J	S	N	Y	D	G	E
B	D	W	J	T	R	I	D	N
G	R	K	W	I	Z	Y	E	T
O	I	C	G	J	I	K	L	
A	H	K	O	Q	I	V	Z	O
S	L	P	A	N	W	X	L	N

48.

H	M	D	Y	X	H	H	V	M
Z	J	O	N	H	O	H	N	P
F	L	B	V	A	F	N	A	F
U	F	M	X	R	O	Y	O	N
F	Z	M	P	I	C	N	I	C
T	Z	U	E	T	E	M	R	A
K	W	T	N	H	A	L	G	C
V	V	I	C	M	N	C	Y	W
W	U	Q	I	E	P	J	L	H
G	F	O	L	T	E	O	I	N
D	G	D	D	I	W	H	R	S
J	K	W	V	C	H	I	X	E
F	L	O	D	W	O	K	Z	
D	B	O	N	V	K	S	T	U
N	R	D	B	V	Z	I	P	S
U	O	E	R	J	A	U	N	T
U	O	N	Y	I	J	V	J	Y
P	X	C	H	D	D	H	Q	A
J	S	A	U	C	E	R	D	P
R	T	N	J	S	L	T	G	Q
T	C	T	W	F	S	Y	Z	Q
F	A	R	E	W	E	L	L	C
G	O	G	D	Z	A	E	O	W
R	B	P	M	B	O	B	D	E
E	P	F	P	P	I	L	R	P

123

49.

W	B	S	K	Z	C	K	A	E
Y	C	V	C	L	P	O	N	Y
N	A	V	Y	O	Y	L	H	J
I	D	L	O	S	G	A	K	O
N	D	C	Y	I	G	N	U	O
X	R	K	P	N	R	L	C	G
I	E	B	S	G	T	W	B	P
B	S	A	E	W	M	M	Z	M
V	S	I	A	F	F	O	R	D
E	Y	H	G	X	S	H	E	H
B	A	S	S	I	S	T	G	W
A	C	F	G	M	J	N	R	E
P	C	E	L	W	P	Q	E	V
P	O	H	G	X	B	T	T	E
R	U	Z	U	A	Y	F	B	X
O	N	G	I	Q	E	K	R	D
A	T	E	F	O	G	U	V	K
C	F	X	Z	H	D	S	N	O
H	K	G	R	E	G	A	R	D
Z	J	Y	N	Z	D	F	A	K
Y	R	A	J	U	C	G	E	I
A	G	N	A	Y	G	J	C	F
J	N	T	G	I	Q	L	P	W
G	B	I	X	D	A	V	G	L
B	N	V	R	R	E	L	K	X

50.

F	C	H	F	U	M	A	C	W
G	P	V	X	J	U	G	Z	A
L	N	I	Z	D	N	P	J	R
J	R	E	T	R	E	A	T	E
L	U	R	E	A	C	S	O	V
G	S	J	G	W	D	S	Y	C
A	K	A	G	E	I	E	M	P
R	D	L	E	R	Z	N	V	N
D	V	L	K	N	M	G	X	E
E	Z	O	S	R	F	E	M	R
N	Q	W	T	Y	F	R	C	V
E	C	X	K	D	O	B	N	O
R	I	T	V	B	V	U	J	U
Q	H	A	P	P	L	Y	P	S
K	X	Y	L	W	U	W	A	L
B	Q	C	P	L	H	A	V	Y
C	H	A	P	T	E	R	Z	N
A	R	Y	G	Z	F	V	B	U
K	N	G	L	K	C	O	E	T
M	R	E	S	P	E	C	T	L
P	R	K	C	K	J	M	C	E
V	W	A	C	B	G	A	L	B
U	L	A	W	Y	E	R	S	R
N	J	Y	Q	L	Z	K	S	S
V	N	Y	Q	R	J	V	U	X

Printed in Great Britain
by Amazon

82268738R00071